基金项目：2023 年度江苏省高校哲学社会科学研究一般
境电商复合型人才培养路径研究"（项目编号：2023SJYB1864）

网络零售流通功能研究

周子善　著

WUHAN UNIVERSITY PRESS
武汉大学出版社

图书在版编目(CIP)数据

网络零售流通功能研究/周子善著.—武汉：武汉大学出版社，
2024.11
ISBN 978-7-307-24050-6

Ⅰ.网… Ⅱ.周… Ⅲ.网上销售—零售 Ⅳ.F713.36

中国国家版本馆 CIP 数据核字(2023)第 194151 号

责任编辑:周媛媛　孟跃亭　　责任校对:牟　丹　　版式设计:文豪设计

出版发行:**武汉大学出版社**　(430072　武昌　珞珈山)
　　　　　(电子邮箱:cbs22@whu.edu.cn　网址:www.wdp.com.cn)
印刷:武汉中科兴业印务有限公司
开本:720×1000　1/16　印张:14.5　字数:214 千字
版次:2024 年 11 月第 1 版　　2024 年 11 月第 1 次印刷
ISBN 978-7-307-24050-6　　定价:78.00 元

序　言

本书以中国快速成长的网络零售业为研究对象，从传统流通理论的核心概念——流通功能入手，通过案例分析的方法讨论了网络零售中流通功能的执行样式。在市场规模快速扩大的同时，网络零售运营模式也在不断发生改变。目前，大部分研究从管理学的角度出发，将网络零售与实体零售进行对比，并以此分析网络零售的特性及运营策略。那么，什么是网络零售？与实体零售相比，网络零售的本质特征是什么？以实体零售为前提构建的传统流通理论能否完全解释网络零售的发展现状？换言之，目前对网络零售实质的理论研究还处于一个相对空白的状态。

在充分认识网络零售研究现状的基础上，本书的研究内容迈出了构建网络零售流通理论的第一步。解释一个新的现象意味着需要有一系列理论的支撑，但新理论并非一朝一夕就能构建完成的。传统的流通理论都是以实体零售为研究对象展开的，随着网络零售的影响力逐渐扩大，构建全新的流通理论势在必行。在构建网络零售流通理论的漫漫征途中，本书主要讨论了传统流通理论可以在多大程度上解释和说明网络零售的发展，并具体明确哪些部分需要补充、哪些部分需要创新，而这也正是构建全新流通理论不可或缺的一环。

本书着重关注了网络零售中流通功能的执行样式及流通产出。为了构建网络零售流通功能的结构模型，对传统流通理论中的流通功能概念进行了部分修正，并以此为基础进行案例分析。在明确实体零售与网络零售特性的基础上，本书构建的网络零售流通功能结构模型可以看作传统流通理论的修正版，它对开展网络零售流通理论研究具有十分重要的意义。另外，基于网络零售流通功能结构模型开展的案例分析结果表明，不同类型的网络零售企业执行流通功能的具体样式也不尽相同。网络零售世界的多样性意味着网络零售的研究过程必然存在一定的复杂性。本书的研究成果表明了构建网络零售流通理论需要一系列新概念的支撑，这也为其他学者开展后续研究打下了坚实基础。

向山雅夫

2023 年 8 月

前　言

什么是"网络零售"？网络零售是指交易双方以互联网为媒介进行的商品交易活动，即通过互联网进行信息的组织和传递，实现了有形商品和无形商品所有权的转移或服务的消费。当然，互联网的普及，在线支付的不断完善，加上物流业的配套建设，为网络零售的发展提供了有力保障。

与美国、日本等国家相比，我国实体零售的发展还不是很完善，但是网络零售市场取得的成绩却是有目共睹的。在中华人民共和国成立初期，我国实体零售的业态更新几乎停滞。伴随改革开放政策的深入实施，大型购物中心、折扣店、仓储式商场等新兴业态及连锁等经营方式在极短的时间内进入我国市场，给本土实体零售企业的生存和发展带来了巨大的威胁和挑战。另外，由于受到城乡发展差异及地方保护主义的影响，直到今天我国的城市和农村零售市场依然具有鲜明的二元化特征。近年来，入场费问题及经营成本的持续攀升使实体零售的经营更加艰难。但是，互联网的普及让网络零售这一新兴经营模式大放异彩，并取得极大成功。以阿里巴巴和京东为代表的一大批网络零售企业在较短的时间内实现了快速扩张。2013年，我国的网络零售交易额达到1.85万亿元，首次超越美国成为世界第一大网络零售市场。截至2021年年末，我国的网络零售交易额为130884亿元。其中，实物商品的网络零售交易额为108042亿元，占社会消费品零售总额的24.5%。[1]

无论是实体零售企业还是网络零售企业，所要承担的工作都是将生产企业的供给与消费者的需求进行匹配。在这一过程中，实体零售企业所执行的流通功能主要包括所有权转移功能、信息传递功能和物品转移功能。通常情况下，实体零售企业的大部分流通功能是在传统店铺内完成的。网络零售企业与实体零售企业一样需要执行这三项流通功能，但并不需要开设任何传统店铺。

本书共设九个章节，系统辨析了实体零售企业与网络零售企业执行流通功能的具体样式，并详细阐述了不同类型网络零售企业执行流通功能的异同点。

第一章介绍研究背景与目的，梳理了我国实体零售的发展现状及存在的问题，并

---

[1] 国家统计局. 2021年国民经济持续恢复　发展预期目标较好完成 [J].https://www.stats.gov.cn/sj/zxfb/202302/t20230203_1901336.html.

介绍了网络零售在我国的发展历程。

第二章对网络零售的类型作了界定，并明确本书的研究对象。主要从运营主体、是否开设传统店铺、商品组合、网站的运营方式等维度，将网络零售细分为 21 个具体类别。在此基础上，本章着重关注未开设传统店铺的纯网络零售（pure-play online retailing），并将其分为商人型、平台型和开店型。其中，平台型网络零售与开店型网络零售又是相辅相成、不可分割的一个整体。

第三章在整理分析既有流通功能与实体零售流通功能的基础上，明确网络零售流通功能研究的不足之处，并确认本书的研究视角。传统店铺的存在是讨论实体零售企业流通产出的重要前提。传统店铺不仅可以为消费者提供丰富的商品组合，还可以向消费者提供优美的购物环境、便捷的地理位置、专业的商品知识、包装、修理等零售服务。实体零售企业通过提供这些丰富的零售服务，可以实现流通产出并降低消费者费用。而网络零售最大的特点就在于，即使未开设传统店铺却依然能够占据我国 1/4 的零售市场份额。要想了解无须开设传统店铺的网络零售是如何执行流通功能的，就必须明确网络零售实现了怎样的流通产出。具体而言，需要明确网络零售的流通产出是通过组织哪些流通活动来实现的，以及网络零售企业应该如何组织这些流通活动。

第四章对实体零售企业的商品组合研究进行了回顾与分析，并提出网络零售企业该如何形成自己的商品组合这一根本问题。无论是实体零售企业还是网络零售企业，在开展零售业务之前都必须考虑一个问题，那就是应该销售什么商品。换言之，商品组合形成是所有零售企业进入市场的起跑点。

第五章根据第三章与第四章的理论回顾与分析提出了本书的研究框架和研究方法。要想了解网络零售中各类流通功能具体是如何执行的，必须先明确应该从什么样的角度出发来分析这个问题。本书根据网络购物过程中消费者费用结构发生的改变，将网络零售企业的流通产出归纳为商品组合、信任关系、网站便利性、物流水平、售后服务五个方面。需要注意的是，要想实现流通产出就必须让各项流通功能得到充分执行。本书主要关注商品组合形成、信任构筑、网站运营、大数据收集与处理、个性化营销、订单处理和配送这七项流通活动，并在此基础上构建网络零售企业执行流通功能的结构模型。为了进一步加深对网络零售流通功能的理解，本书采用了案例分析研究法，并对不同类型的网络零售企业所执行流通功能的具体样式进行详细的比较与概括。

　　第六章和第七章是案例分析的具体实施部分。在各网络零售类型中选取了具有代表性的企业作为案例分析对象，具体包括：商人型网络零售企业——京东，平台型网络零售企业——阿里巴巴。本书通过对这两个案例的详细分析，明确实体零售流通功能与网络零售流通功能的区别与联系，进而识别不同类型网络零售流通功能之间的异同点。

　　第八章首先将实体零售的流通功能结构与网络零售的流通功能结构进行了对比分析，并明确它们所组织的各项流通活动的异同点；其次通过对两个有代表性的网络零售企业案例进行比较分析，对第五章提出的七项流通活动的内容进行详尽的解释和说明，并明确网络零售中流通功能的执行样式具有多样性；最后明确这七项流通活动并非独立存在的，它们彼此间具有较强的关联性。

　　第九章对本书的研究成果进行了整理和总结，并阐述了本书的局限性及将来需要继续深入研究的课题。例如，如何将实体零售理论与网络零售进行结合并构建线上线下融合发展的全渠道零售理论。

　　图1是对本书结构框架的整体概括。

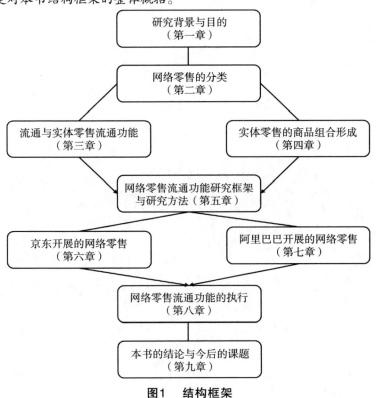

图1　结构框架

目　　录

第一章 研究背景与目的

从交易额来看，中国已经成为世界第一大网络零售市场。本书以此为背景探究网络零售中流通功能执行样式的多样性。

本章将明确研究对象"网络零售"的概念并梳理其在中国的发展历程。网络零售最初是作为一种新型流通渠道登场的，并且它的成长与实体零售的发展及互联网的普及、物流配送、在线支付等一系列配套的建设密切相关。本章将在探讨我国实体零售发展现状的基础上整理支持网络零售高速发展的各类基础设施的建设情况，并明确本书的研究目的与研究框架。

第一节 研究背景

从零售的发展历史来看，发达国家用了 100 多年的时间培育出多种业态共存共荣的零售市场。中国第一家百货商店是 1900 年在哈尔滨成立的"秋林洋行"。随着改革开放的不断推进，零售业也迎来了新的发展机遇。就在零售企业正准备大展身手的时候，发达国家的资本及新业态、新模式一股脑儿地进入我国的零售市场。外资零售企业的加入使我国实体零售市场的结构发生了巨大改变，同时也挤压了本土实体零售企业的发展空间。也正因为实体零售无法充分满足消费者的购物需求，所以给网络零售的发展提供了巨大的机会和空间。

网络零售的发展与互联网的普及是密不可分的。现在我们所熟悉的互联网的前身是 1969 年美国国防部用 4 台电脑组建的一个局域网络。20 世纪 80 年代初，这种局域网络在美国的一些大学和政府机构得到了广泛应用。1982 年，TCP/IP[1] 统一了一台主机与另一台主机之间的数据往来格式及传送方式。最初，互联网仅被当作一种用来传播新闻与传送电子邮件的信息传递工具。随着网络的普及和发展，互联网逐渐发展成为一种全新的广告媒体。另外，

---

[1]TCP/IP（Transmission Control Protocol/Internet Protocol）即传输控制协议／网际协议。

互联网的发展还可以让在线销售、购买、支付、订单信息追溯等流通活动成为可能。得益于此，一个全新的流通渠道随着互联网的发展正式登场。实际上，零售界和学术界对这个新登场的流通渠道有很多表述方式，如电子商务、网络销售、电子零售、网络零售等。从消费者的角度出发，还经常被叫作网络店铺、在线店铺、网络商店等。其中，电子商务和网络零售是目前最为常用的两种表述方式。为了方便阅读，本书统一使用"网络零售"进行表述。

图 1-1 展示了网络零售的基本构成。在网络零售中，仅仅凭借一个展示商品信息的网站页面是很难将商品出售给消费者的。要想实现真正意义上的网络零售，必须确保营销推广、订单管理等信息系统的完备，以及运输、库存管理等物流基础设施的健全。虽然从理论上来讲网络零售的交易范围可以覆盖全球，但是让网络零售企业亲自将所有商品送达每一位消费者手中几乎是不可能的。因此，开展网络零售业务还必须依赖一个可以提供高效配送服务的物流体系。开展网络零售业务并不需要开设任何传统店铺，这个时候向消费者提供可信任的商品信息及安全的支付服务就显得尤为重要。另外，互联网普及范围的持续扩大及消费者行为的不断成熟也对网络零售的发展产生了巨大影响。

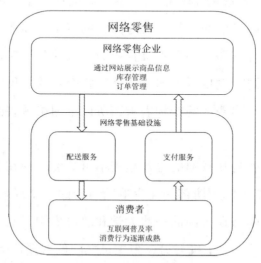

图1-1　网络零售的基本构成

综上所述，本书将网络零售定义为：在互联网广泛普及且配送与在线支付等配套基础设施完善的前提下，企业通过各类互联网通信设备向消费者提供商品和服务。需要注意的是，网络零售不仅可以向消费者提供食品、服装等实物商品，还可以向消费者提供住宿、交通等服务。本书以实物商品的网络零售为中心展开讨论。目前，大部分与流通商贸相关的理论以开设传统店铺的实体零售为研究对象，这些理论不会特意强调实体的概念，而是直接用零售和零售企业来进行表述。本书的主要目的是通过与实体零售的对比来加深对网络零售流通功能的理解，为了突出对比的概念，我们将在以下的讨论中使用"实体零售"和"实体零售企业"的表述方式。

一、实体零售的发展历程与问题点

直到 20 世纪 50 年代，百货商店在实体零售产业中一直扮演着十分重要的角色。在很长的一段时间里，国营百货商店主导了我国实体零售市场的发展。自 1978 年改革开放政策实施以来，各类新兴实体零售业态伴随着外部投资在各地生根发芽。20 世纪 80 年代，实体零售业逐渐转变为以国营为主、私营为辅的发展模式。20 世纪 90 年代以后，政府逐步实施开放性的流通政策，大型购物中心、折扣店、便利店、仓储式商场等新兴业态及连锁经营等经营方式蜂拥至国内。由于外部先进实体零售企业的强势加入及同行间的激烈竞争，本土实体零售企业的扩张之路愈发艰难。与此同时，实体零售业的发展也带有强烈的中国特色。在中国连锁经营协会公布的 2018 年中国连锁百强榜单中，苏宁的年交易额为 3367 亿元，在实体零售行业中排名第 1 位，排名第 2 位的国美电器的年交易额为 1381 亿元，排名第 3 位的华润万家的年交易额为 1013 亿元。从交易规模来看，苏宁的年交易额仅为美国大型实体零售企业沃尔玛当年交易额的 12%。另外，世界最大零售市场美国在 2018 年的社会消费品零售总额为 60364 亿美元（约 416215 亿元，2023 年 3 月 6 日美元兑人民币汇率，下同），同年，我国的社会消费品零售总额为 57551 亿美元（约 396819 亿元）。从零售市场的整体规模来看，中、美两国的差距并不是很大。但是美国排名前 10 位的实体零售企业的交易额为 12074.5 亿美元（约 83254 亿元），而我国仅为 1526.9 亿美元（约 10528 亿元）。从这个数字来看，我国实体零售业的集中度远低于美国，并且我国实体零售企业的整体实力也与美国同行存在不小的差距。

具体而言，我国实体零售在发展的过程中主要存在以下几个问题。

一是同质化竞争问题。近年来，随着城市化的不断推进及房地产行业的快速扩张，各城市都建起了大量的购物中心等商业设施。同一区域内同时存在多个大型商业设施早已不足为奇，但是各个商业设施内的店铺及提供服务的内容大同小异，所以各商家之间的竞争就显得尤为激烈。

二是入场费问题。2000年前后，伴随着连锁超市等新兴零售业态在我国的快速扩张，入场费的收取使实体零售企业与供应商之间的对立关系愈发激烈。实体零售企业一般是通过联营的方式从供应商那里收取租金和手续费，而自营商品的比例往往还不到整体的10%。与此同时，完全放弃自营商品的零售企业也不在少数。这样一来，我国的实体零售企业逐渐转变为房东和物业管理公司的角色，既丧失了作为商业企业的核心功能，又无法充分掌握生产与消费的第一手信息。

三是传统店铺的关店潮问题。随着经营业绩的恶化，以及到店顾客数量的减少，全国各地都掀起了一阵关店潮，北京工商大学商业经济研究所提供的一组数据显示，从2012年至2015年就有262家超市和138家百货商店宣布关闭。2016年，以百货商店、购物中心、大型超市为主要代表的46家公司关闭了185家门店。同年，我国实体零售市场的增长率为7.8%，比社会消费品零售总额的增长率低2.6个百分点，比网络零售市场的增长率低18.4个百分点。

四是存在二元市场的问题。我国作为世界上最大的发展中国家，不仅国土面积广阔，而且拥有超过14亿的人口，这也意味着全国各地的经济发展水平和文化水平之间还存在不小的差距。对于实体零售企业而言，想要在全国范围内开设具有相同管理水准的传统店铺并非易事。在很长一段时间内，我国的消费市场被分成了城镇和农村两部分。一方面，道路及通信等基础设施的不完善导致商品进入农村市场的成本居高不下；另一方面，一些地方政府为了保护本地区的实体零售企业而对外部进入的实体零售企业实行较为严格的管理。这些最终导致我国的实体零售市场表现出明显的二元化特征。

二、网络零售的发展历程

（一）网络零售的登场

我国于 1994 年首次接入国际互联网。随着互联网基础设施的不断完善，我国的网络零售与世界上其他国家几乎是同时起步的，但是网络零售的成长环境却与其他国家截然不同。直到 1999 年，我国的网络零售才开始步入正轨。另外，智能手机等移动通信设备的普及让网络零售获得了更大的发展空间。图 1-2 展示了我国网络零售市场规模的变化。2007—2009 年，我国网络零售市场的年增长率都在 100% 以上，虽然在那之后增长率有所下滑，但是网络零售的市场规模仍然在不断扩大。到 2013 年，我国的网络零售市场规模已经达到了 1.85 万亿元，首次超越美国成为世界上最大的网络零售市场并一直保持至今。

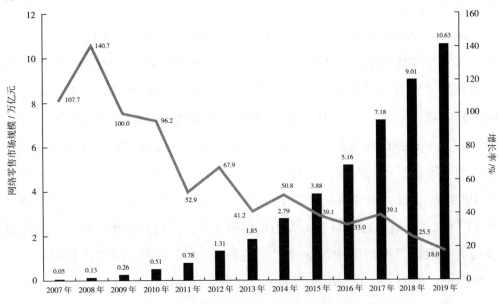

图1-2 2007—2019年我国网络零售市场规模变化
（资料来源：中国电子商务报告）

图 1-3 展示了 2018 年世界各国网络零售市场规模占比。2018 年我国网络零售市场规模占全球的 52%，这标志着我国网络零售的发展取得了巨大成功。截至 2021 年，我国的网络零售交易额已经超过 13.09 万亿元。其中，实物商品的网络零售交易额为 10.8 万亿元，占社会消费品零售总额的 24.5%。

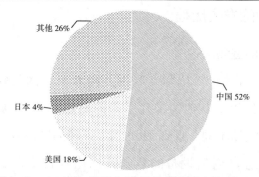

图1-3　2018年世界各国网络零售市场规模占比

（资料来源：日本经济产业省平成30年度电子商务市场调查报告）

（二）网络零售的发展历程

本书将我国网络零售的发展历程主要分为 4 个阶段，分别是模仿期（1999—2003 年）、探索期（2004—2008 年）、快速成长期（2009—2013 年）和创新期（2014 年至今）。

第一阶段是模仿期。网络零售最初是在美国诞生的，我国真正意义上的第一家网络零售企业"8848"成立于 1999 年 5 月。8848 的经营内容与亚马逊类似，即通过自己的网站向消费者销售软件、与电脑相关的图书及个人电子用品等。仅用了 3 个月，8848 的在售商品组合就超过了 15000 种。于 1999 年 8 月成立的易趣的运营方式与易贝类似，主要通过向个体和中小企业提供网络零售平台的方式为消费者提供丰富的商品组合。另外，当当网成立于 1999 年 11 月，主要以销售图书为中心开展网络零售业务。当当网在 2000 年 11 月成立一周年之际举办了大力度促销活动，通过向消费者发送大量优惠券的方式取得了不俗的销售业绩。卓越网于 2000 年进入网络零售市场，以销售图书、VCD、软件和玩具等为中心开展网络零售业务。

正当本土网络零售企业发展势头强劲之时，美国的易贝于 2002 年正式进入我国市场。为了尽快熟悉中国市场，易贝于 2003 年收购了当时国内最大的平台型网络零售企业易趣。与此同时，阿里巴巴的淘宝网于 2003 年 4 月正式登上历史舞台。淘宝网的业务与易贝相似，主要就是向个体卖家提供网络零售平台。淘宝网在成立之初就将易贝设定为自己的直接竞争对手。为了尽快扩大自己的市场占有率，淘宝网采取对所有开店者免开店费、免手续费的经营策略，并获得成功。

从 2000 年到 2003 年，我国的互联网用户从 2250 万人攀升到 7950 万人，但互联网的普及率却仅为 6%。在那个时候，互联网用户多为北京、上海等城市的年轻人，并且第三方支付和物流配送等新型基础设施也还没有得到完善。除此之外，通过网络零售的商品多以图书和电脑软件为主，诸如服装等日常生活用品的销售寥寥无几。总体而言，在发展初期我国网络零售的运营模式基本上是照搬了美国几家大型网络零售企业。

第二阶段是探索期。2004 年 1 月，京东正式加入网络零售市场，2007 年 6 月改名为京东商城，每日的订单量可以达到 3000 个。2007 年，京东商城的年交易额首次突破亿元大关。

2007 年，淘宝网日常生活用品的交易额占全网的 20%。其中，日用杂货类商品的交易额从 2006 年的第 12 位跃升至第 2 位，服装类商品从 2006 年的第 11 位跃升至第 7 位。这说明网络零售这种新型购物方式已经越来越得到消费者的认可，网络购物逐渐成为人们日常生活的一部分。

在探索期内，不仅现有的一批网络零售企业不断发展壮大，一些新兴网络零售运营模式也逐渐呈现在消费者面前。其中，以销售母婴用品为主要卖点的红孩子在 2004 年 3 月正式上线。2007 年 10 月，以垂直销售男士衬衫而闻名的凡客诚品一时间成为网络零售运营模式创新的先进典型。另外，以"品牌折扣＋限时特价＋正品保障"为创新电商模式的唯品会于 2008 年 12 月正式上线。这一时期登场的网络零售企业多以销售自营商品为中心开展业务，在强调低价、丰富商品组合等理念的同时，不断积极探索更加适应我国市场的网络零售运营模式。需要注意的是，虽然在探索期内我国的网络零售市场规模不断扩大，但还远未达到足以撼动实体零售市场地位的程度。

在很长的一段时间内，我国依靠提供低价的原材料和劳动力逐渐成长为"世界工厂"。受美国次贷危机的影响，2008 年我国的制造企业遭遇巨大冲击。海外订单大幅缩减，很多为各类品牌提供代加工服务的工厂不得不选择停工、停产。一时间，我国生产企业不但缺乏具有竞争力的自有品牌，还要面对国内实体零售市场高昂的渠道费用。寻找新的销售渠道已经成为绝大多数生产企业的共识。就在这时，以淘宝网为代表的各类网络零售平台给众多中小生产企业带来了新的发展机遇。其中，一部分生产企业是自发加入网络零售平台并开展网络店铺的运营，而以南通的纺织、温州的皮鞋、义乌的日用杂货为代表的产业集聚区域则在当地政府和网络零售服务企业的联合支持下抱团投身于网络零售事业。得益于此，消费者也可以通过网络零售购买到更多物美价廉的商品。我国的网络零售交易额在 2008 年首次突破 1000 亿元大关，达到 1300 亿元，占同年社会消费品零售总额的 1%。从这个角度来看，我国的网络零售逐渐向着普及化和大众化的方向稳步迈进。

第三阶段是快速成长期。无论是网络零售企业还是互联网、物流等新型基础设施建设，都在这一时期进入了发展的快车道。在网络零售快速扩张的同时，消费者的消费习惯也发生了巨大改变，进行网络购物的次数逐渐增多。

2013 年，我国的网络零售交易额达到了 1.85 万亿元，首次超越美国成为世界上最大的网络零售市场。[1] 阿里巴巴和京东作为我国网络零售市场的两大龙头企业，占据了 70% 以上的市场份额。淘宝网的交易额在 2009 年达到 2083 亿元，使其中国第一大网络零售平台的地位得到稳固。淘宝商城于 2010 年从淘宝网中独立，2012 年更名为天猫商城。2010 年 3 月，以网络零售团购为主要卖点的团美网（同年 9 月改名为聚美优品）正式登场。2010 年，我国两大实体零售企业也着手进军网络零售领域。2010 年 2 月，苏宁电器运营的苏宁易购上线，到了 11 月，国美电器也着手开展了自己的网络零售业务。

在快速成长期内，虽然网络零售的交易额在不断扩大，但是业界的利润率普遍处于一个比较低的水平。在很长的一段时间内，价格战是各类网络零售企业的主要竞争手段，甚至可以说是核心竞争"武器"。2010 年 12 月 15 日，卓越亚马逊在市场最低价的基础之上，又开展了全场八折、免费送货到家的大型促销活动。12 月 16 日，当当网决定拿出 4000 万元投入促销活动中去。

---

[1] 资料来源：https://www.gov.cn/xinwen/2014-03/09/content_2634943.htm.

随后，京东商城宣布了 8000 万元的促销计划。价格竞争变得更加激烈。[1] 天猫商城在 2012 年 5 月宣布拿出 2 亿元作为开店者开展促销活动的专项补贴。不久之后，苏宁易购和京东商城也各自宣布计划拿出 5 亿元着手加入这场"战斗"。最终，在政府部门的干预之下这场价格大战才得以平息。

第四阶段是创新期（2014 年至今）。近年来，跨境网络零售交易额快速增长。海关总署的数据显示，2021 年，我国跨境电商进出口规模约 19237 亿元，占进出口总额的 4.9%。其中，跨境电商进口约 5319 亿元。

拼多多是一家成立于 2015 年 9 月的平台型网络零售企业。截至 2018 年，拼多多在竞争激烈的网络零售市场占据着 5.2% 的市场份额。虽然弱于阿里巴巴和京东，但它在极短的时间内已经成长为我国第三大网络零售企业。拼多多的业务模式虽然与淘宝网相似，但主要以中小生产企业的网络直营为主。拼多多将分散在全国各地的中小生产企业与购买力相对较弱的消费者进行高效匹配，以低价策略迅速扩大市场份额。虽然没有一流的品质，但价格往往不到正常水平的 1/3，所以广受低收入消费群体的欢迎。另外，很多中小生产企业虽然没有自己的品牌，但积累了一定的制造技术和经营管理能力。早期依赖国外的 OEM[2] 订单，很多中小生产企业还可以维持不错的经营状态，随着出口规模的不断减少，这些中小生产企业不得不将更多的精力放到国内市场上来。早在 2018 年 12 月，拼多多就与众多中小生产企业建立合作关系，并协助进军网络零售市场的企业开发属于自己的品牌。

"直播 + 网络零售"模式最初是由蘑菇街开辟的。随着抖音、快手、小红书等平台的崛起，直播迅速成为热门的网络零售方式之一。相关数据显示，2022 年"618"活动期间，直播网络零售的交易总额高达 1445 亿元。抖音是由字节跳动开发的一个面向全年龄的短视频社区平台，于 2016 年 9 月 20 日正式上线并不断完善各项社交功能。2021 年，提出"兴趣电商"模式后，抖音电商进入了飞速发展期。2021 年 5 月 1 日至 2022 年 4 月 30 日，抖音网络零售交易总额达到 2020 年 5 月 1 日—2021 年 4 月 30 日的 3.2 倍，从过去的

---

[1] 资料来源：http://news.winshang.com/html/008/1473.html.
[2]original equipment manufacturer 的缩写，俗称"代工"。

"货找人"到如今的"人找货"，实现了消费链路的全覆盖。在创新期，以拼多多、抖音等为代表的新兴网络零售企业在大数据技术的助力之下，开发出一系列更加适合我国国情的网络零售运营模式。

笔者将以上讨论的内容总结为表 1-1。

表 1-1 我国网络零售的发展历程

发展阶段	发展历程	发展特征
模仿期（1999—2003 年）	·1999 年 5 月 "8848" 成立——亚马逊模式 ·1999 年 8 月易趣成立——易贝模式 ·1999 年 11 月当当网成立——亚马逊模式 ·2000 年 11 月卓越网成立——亚马逊模式 ·2003 年易贝收购易趣 ·2003 年 4 月淘宝网成立——易贝模式——免费开店	·网络零售产业与世界各国同时起步 ·实体零售的滞后为网络零售提供了广阔的发展空间 ·模仿发达国家网络零售的运营模式
探索期（2004—2008 年）	·2004 年 1 月京东加入网络零售 ·淘宝网、京东快速成长，新业务模式频出 ·2008 年次贷危机——中小生产企业进军网络零售 ·2008 年我国网络零售市场规模首次突破 1000 亿元	·网络零售市场规模不断扩张 ·涌现出一大批新兴网络零售企业
快速成长期（2009—2013 年）	·天猫商城诞生 ·阿里巴巴、京东成长为中国网络零售市场两大巨头 ·2010 年大型实体零售企业苏宁和国美进军网络零售市场 ·网络零售企业为抢占市场份额大打价格战 ·2013 年我国网络零售市场交易额首次超越美国	·价格竞争激烈 ·以淘宝网和京东为首的网络零售企业发展迅猛
创新期（2014 年至今）	·2015 年 9 月拼多多成立——网络零售平台与中小生产企业开展合作 ·2016 年抖音成立——"直播 + 网络零售" ·2021 年我国跨境电商进口突破 5000 亿元	·结合国情探索新型网络零售运营模式 ·积极拓展跨境网络零售业务

三、网络零售的基础设施建设

网络零售的发展与互联网等一系列新型基础设施的建设紧密相关，要想详细地了解网络零售在我国的发展历程，就必须充分把握新型基础设施的建设情况。网络零售的发展主要得益于互联网的普及和快递配送与在线支付等一系列保障措施的推进。尤其是在实体零售不发达的农村地区，伴随着互联网基础设施的不断完善和居民收入的持续增加，越来越多的人开始接受网络零售这种新型购物方式，这极大地促进了网络零售市场规模的进一步扩张。

（一）互联网的普及

随着智能手机、平板电脑等移动终端设备的普及，截至 2021 年，我国互联网普及率为 73.0%。其中，城镇地区互联网普及率为 79.5%，农村地区互联网普及率为 57.6%。截至 2021 年，美国、日本等国的互联网普及率已经超过 90%。由此看来，我国的互联网用户的绝对值还有较大增长空间。图 1-4 展示了 2007—2021 年我国互联网普及率的变化情况。

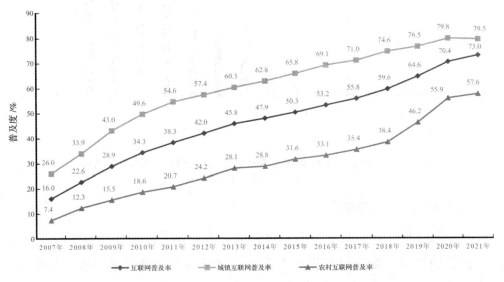

图1-4　2007—2021年我国互联网普及率的变化情况

（二）快递配送服务市场

随着我国网络零售市场规模的快速扩张，配送服务的需求量也在不断上升。2009 年，我国的快递配送量为 18.6 亿件。进入 2021 年，这一数字已经超过 1000 亿件。目前，我国的快递配送总量稳居世界首位，且 80% 的快递业务服务于网络零售市场。值得注意的是，顺丰速运、申通快递、圆通速递、中通快递、韵达快递等大型民营快递配送企业伴随着网络零售市场同步成长，并占据了整个快递配送服务市场 70% 以上的份额。图 1-5 展示了 2008—2021 年我国快递配送服务市场规模的变化情况。

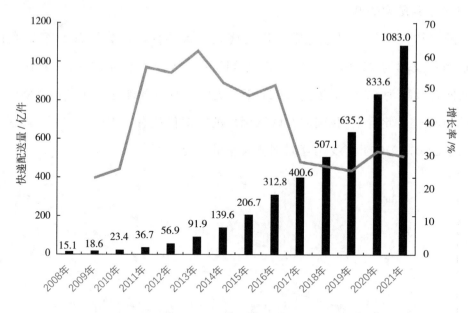

图1-5　2008—2021年我国快递配送服务市场规模的变化情况
（资料来源：《中国电子商务报告》）

（三）第三方支付服务

金融机构和具有金融资质的企业提供的第三方支付服务在确保网络零售安全便捷的同时，也在很大程度上促进了网络零售市场规模的进一步扩大。随着二维码支付和NFC支付的普及，消费者日常生活中的支付行为也可以通过智能手机完成。图1-6展示了2013—2020年我国第三方移动支付交易规模的变化情况。截至2017年，我国第三方移动支付交易额的年增长率均在50%以上。截至2020年，第三方移动支付的交易规模已经达到249.2万亿元。近年来，随着交易规模的不断扩大，第三方移动支付的增长率开始逐年递减并进入稳定发展阶段。

（四）网络零售用户规模的扩大

对于城镇用户而言，通过网络零售可以购买到比传统店铺更加便宜的商品。对于农村用户而言，通过网络零售则可以购买到附近传统店铺未曾销售的商品。图1-7展示了2000—2021年我国人口数量的变化情况。随着城镇化率的稳步上升，我国的农村人口逐年减少。截至2021年，农村人口达49835万人，占全国人口的35.28%。

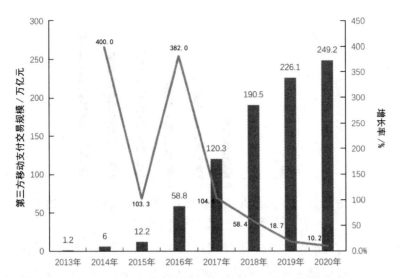

图1-6 2013—2020年我国第三方移动支付交易规模的变化情况
（资料来源：艾瑞咨询2021年中国第三方支付行业研究报告）

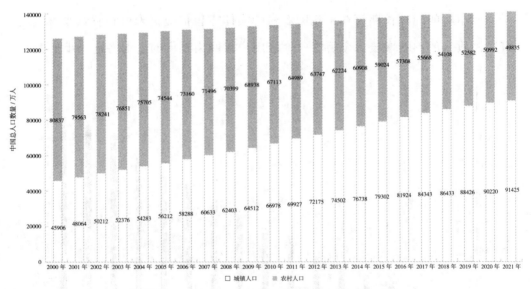

图1-7 2000—2021年我国人口数量的变化情况
（资料来源：《中国统计年鉴2022》）

　　近年来，我国农村网络零售交易额实现了高速增长。图1-8展示了2014—2021年我国农村网络零售交易额的变化情况。与农村人口不断减少的情况截然不同，网络零售在农村地区的交易额正在迅速扩大，2021年全国农村网络零售交易额达到2.05万亿元，占全国网络零售交易总额的15.66%。

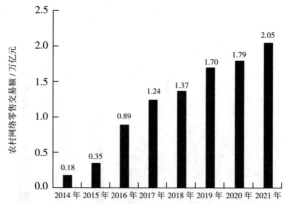

图1-8　2014—2021年中国农村网络零售交易额的变化情况
（资料来源：国家统计局2014—2021年数据）

图1-9展示了2004—2020年我国居民人均可支配收入的变化情况。由图1-9可以看出，虽然城镇地区居民与农村地区居民的可支配收入存在不小的差距，但是自2009年起农村地区居民可支配收入的增速已经超过城镇地区。由于二元市场的问题长期存在，我国农村的实体零售情况仍未得到有效改善。随着居民收入的不断增长，今后农村地区用户对网络零售的需求将进一步扩大。

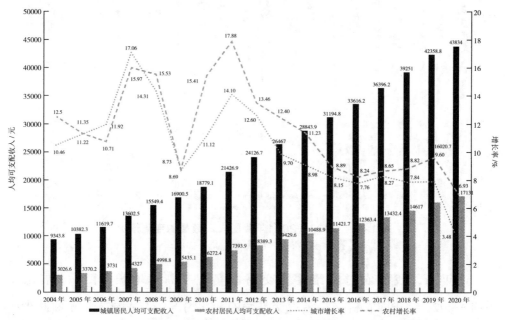

图1-9　2004—2020年我国居民人均可支配收入的变化情况
（资料来源：国家统计局2004—2020年数据）

第二节 研究目的

在过去很长一段时间里，我国实体零售的业态更新十分缓慢。随着改革开放政策的实施，大型购物中心、折扣店、仓储式商场等业态和连锁经营等经营方式在极短时间内一股脑儿地进入我国实体零售市场，这也直接导致我国缺少具有一定实力和影响力的本土实体零售企业。受城乡差距和地方政府保护主义影响，实体零售中的二元市场长期存在。此外，由于近年来受到入场费用和经营成本激增等问题的影响，实体零售的市场规模增长放缓。[1]另外，互联网的普及使网络零售作为一种新兴的流通渠道登上历史舞台并取得了极大成功。以阿里巴巴、京东为代表的一大批网络零售企业迅速成长，截至2021年，实物商品的网络零售交易总额占到我国社会消费品零售总额的近四分之一。

无论是实体零售企业，还是网络零售企业，它们的工作职责都是将生产企业的供给与消费者的需求进行匹配。在这个过程中，实体零售企业执行着所有权转移、信息传递及物品转移这三项流通功能，而且整个过程基本上是在实体零售企业的传统店铺内进行的。而网络零售企业虽然与实体零售企业一样也需要执行这三项流通功能，但并不需要开设任何形式的传统店铺。

本书的研究目的就是将世界上最大的网络零售市场作为背景，明确以开设传统店铺的实体零售为前提构筑起来的传统流通功能理论可以在多大程度上解释、说明无须开设任何传统店铺的网络零售世界。具体而言，本书的研究目的可以概括为以下两点：

其一，网络零售企业执行所有权转移、信息传递、物品转移这三项流通功能的样式与实体零售企业是相同的，还是不同的？如果存在不同，那么网络零售企业具体需要组织哪些流通活动来执行这三项流通功能？

其二，虽然通过互联网向消费者出售商品的企业都可以被称作网络零售

---

[1] 商务部发布的数据显示，2011年我国社会消费品零售总额增速为16.4%，此后逐年下降。2018年，我国社会消费品零售总额增速只有4%。与此同时，网络零售市场的增长率为25.5%。

企业，但实际上它们的运营模式是多种多样的，那么所有网络零售企业执行的流通功能是相同的，还是不同的？如果存在不同，各类型网络零售企业分别是如何执行流通功能的？

图1–10是对本书两个研究目的的高度概括，并展示了二者之间的关联性。

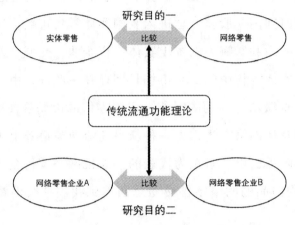

图1–10　本书的研究目的

第二章 网络零售的分类

在研究网络零售的过程中，对运营主体进行整理和分类是十分必要的。随着网络零售发展的不断深入，有望出现既有实体零售流通体系中尚未存在的新兴运营主体。另外，由于运营主体的不同，网络零售网站的运营方式也不尽相同。具体而言，对于从事网络零售业务的运营主体而言，它的网络零售网站是自建的，还是从其他公司租借来的？如果是自建网站，是通过该网站直接销售商品，还是广范围地招募第三方卖家到自己的网站来开店？另外，整个网络零售网站上的商品组合是综合性的，还是专业性的？这些因素的不同会让网络零售网站的发展路径产生不小差异。总体而言，在网络零售市场高速发展的背后，它的运营方式并非统一的，而是多种多样的。

本章根据网络零售市场的现状，在明确我国网络零售网站运营主体的基础上，将开展网络零售业务的网络零售企业分为商人型网络零售企业、平台型网络零售企业及开店型网络零售企业。

第一节 网络零售的分类维度

本节主要从运营主体、有无传统店铺、商品组合、网站运营方式四个维度来分类讨论网络零售的全貌。

一、按运营主体分类

分析网络零售中存在哪些类型的运营主体是一件非常复杂的事。通常情况下，从事网络零售的运营主体主要可以分为生产企业、批发企业、邮寄销售企业[1]、实体零售业者和新兴进入市场业者（以下简称"新进业者"）五大类。其中，

---

[1] 邮寄销售（catalog sale）是消费者通过查阅"目录购物商场"定期发行的购物目录，拨打商场话务中心的电话订购，再由专业快递公司提供快捷优质的送货上门服务，后付款的购物方式。邮寄销售于50年前在经济发达国家中率先兴起，如今已成为国际社会比较流行的新型商业形式。随着国际互联网的出现，邮寄销售已经从邮寄印刷品发布商品信息发展成为利用互联网进行在线商品信息传递的方式。

生产企业希望可以通过网络零售开拓新的销售渠道来扩大公司的销售规模。从生产企业开展网络零售的情况来看，有些生产企业将网络零售直销作为唯一的自营零售渠道，而有些生产企业采用网络零售直销与自营传统店铺并行的方式参与零售环节。另外，参与网络零售的邮寄销售企业不仅包括纸质邮寄销售企业，诸如电视购物等从业者也纷纷加入网络零售中来。对于实体零售企业而言，根据经营业态的不同，所开展的网络零售业务形式也是多种多样的。如果网络零售的运营主体是实体零售业者或新进业者的话，还可以将其细分为个体和企业两个大类。

二、按有无传统店铺分类

网络零售的开展形式主要可以分为两大类，分别是开设传统店铺的实体零售企业开展的网络零售，以及未开设传统店铺而只开展线上业务的网络零售。

随着网络零售这一新兴销售渠道的出现，实体零售企业开始积极地加入网络零售市场中来。这种形式的网络零售被称为"网络与实体混合"（click-and-mortar）。当企业开展网络与实体混合零售业务的时候，往往需要整合线上和线下的库存管理、定价、配送等流通活动，如此一来，问题往往就会变得更为复杂。

将互联网作为唯一渠道来销售商品的网络零售亦被称为"纯网络零售"。和网络与实体混合网络零售相比，纯网络零售拥有将人才、资金等资源集中在网络零售业务上的竞争优势，可以专心开发网络零售专用的物流、信息系统等。另外，纯网络零售企业作为互联网时代的产物，是零售产业的新进业者，更加倾向于积极运用新型技术，为消费者提供全新的零售服务。

三、按商品组合分类

按照所销售的商品组合划分，网络零售可以分为专业性商品组合网络零售和综合性商品组合网络零售。

其中，网络零售的新进业者、网络与实体混合的网络零售企业、邮寄销售企业等既可以采取销售专业性商品组合的方式开展网络零售业务，又可以采取销售综合性商品组合的方式开展网络零售业务；生产企业和批发企业一般通过销售专业性商品组合的方式进入网络零售市场。

四、按网站运营方式分类

网络零售的网站可以分为商人型网站和平台型网站。前者是生产企业、批发企业、邮寄销售企业、实体零售业者、新进业者等自己建立并直接运营的网络零售网站，并通过网站为消费者提供商品和服务，其基本特征表现为网站的运营主体拥有商品的所有权和定价权。

然而，当所有的网络零售企业都开设商人型网站的时候，消费者就会被淹没在信息的海洋中，而不知道哪一家网站销售的是自己需要的商品。如此一来，消费者就不得不在搜索商品信息这件事上花费大量时间。平台型网站的出现就很好地解决了这一问题。具体而言，平台型网站的运营主体通常以网络服务提供商的名义来召集开店者到自家网络零售平台开展网络零售业务。根据商品组合的不同，平台型网站也有各自鲜明的特征。值得注意的是，平台型网站的运营主体并不拥有商品的所有权和定价权，并不需要亲自开展销售活动，而通常情况下开店者需要向平台型网站的运营主体支付开店费、系统使用费、手续费、广告费等一系列服务费用。

另外，在其他公司的平台型网站上运营网络店铺，也就是所谓"开店"也可以被看作网络零售网站运营方式。具体而言，开店者所运营的网络店铺也是平台型网站的一部分，并且生产企业、批发企业、邮寄销售企业、实体零售业者、新进业者都可以成为开店者。

第二节 网络零售的运营方式

基于本章第一节的讨论，本节从运营主体、有无传统店铺、商品组合、网站运营方式四个维度对网络零售的运营方式进行分类。

网络零售的运营主体主要可以分为实体零售业者、生产企业、批发企业、邮寄销售企业和新进业者五大类。其中，生产企业（A-D）、批发企业（A-E）、邮寄销售企业（A-F）是以企业经营的形式开展网络零售业务的，而实体零售业者（A-C、B-C）和新进业者（A-G、B-G）开展的网络零售业务又可以分为企业与个体两个类别。表2-1所展示的是各分类维度的细分维度。

表2-1 网络零售分类维度

分类维度	细分维度
是否注册企业	·（A）企业 ·（B）个体
运营主体	·（C）实体零售业者 ·（D）生产企业 ·（E）批发企业 ·（F）邮寄销售企业 ·（G）新进业者
有无传统店铺	·（H）有店铺 ·（I）无店铺
商品组合	·（J）综合性 ·（K）专业性
网站运营方式	·（L）商人型网站 ·（M）平台型网站 ·（N）在平台型网站上运营网络店铺

从有无传统店铺的维度来看，实体零售企业开设传统店铺的情况自然不用赘述。对于生产企业而言，有些企业会通过直营的方式开设传统店铺，而有些企业则没有直接参与实体零售业务。正如第一节中所讨论的，既开设传统店铺又进入网络零售市场的运营主体所开展的网络零售被称为"网络与实体混合"，而没有开设传统店铺并直接进入网络零售市场的运营主体所开展的网络零售被称为"纯网络零售"。由此来看，批发企业、邮寄销售企业、新进业者和大部分生产企业开展的网络零售属于纯网络零售。

从商品组合来看，邮寄销售企业、实体零售业者、新进业者开展的网络零售既有综合性商品组合，又有专业性商品组合。其中，大型企业往往会提供综合性商品组合，而中小型企业通常倾向于提供专业性商品组合。另外，生产企业和批发企业在开展网络零售业务时，多以专业性商品组合来参与竞争。

任何类型的运营主体在进入网络零售市场时都需要通过网站来开展销售业务。网站的运营方式主要可以分为运营商人型网站、运营平台型网站，以及在其他公司的平台型网站运营网络店铺。在运营商人型网站时，生产企业以外的运营主体需要从供应商处采购商品来销售给消费者。这时运营主体在拥有商品所有权的基础上，还可以自由设定价格。通常情况下，运营商人型网站就意味着不仅需要直接负责商品信息的展示和订单的处理，还需要构建属于自己的库存管理和物流配送体系；在运营平台型网站时，运营主体会建立包括网络店铺展示、支付等在内的网络零售服务系统，尽可能地招募更多的开店者，并向他们收取店铺费、广告费等各项服务费用。为了在短时间内增加开店者的数量，平台型网站的运营主体往往会采取免费开店的策略。除此之外，平台型网站的运营主体并不拥有商品的所有权，也不直接参与商品的定价、库存管理、配送等流通活动。大数据等技术的开发和应用是企业运营平台型网站的核心竞争优势。在其他公司的平台型网站上运营网络店铺时，开店者可以较低的成本使用店铺展示和销售信息管理等网络零售服务系统，这样一来，缺乏资金和技术的中小型企业和个体商户可以较为容易地进入网络零售市场。

表2-2展示了网络零售的具体运营方式。基于表2-1的分类维度，我们共整理了21种网络零售的运营方式。其中，表2-2内⑱和⑲是个体经营的网络零售，其余都是企业经营的网络零售。个体经营者主要是以在平台型网站运营网络店铺并形成专业性商品组合的方式参与网络零售。

表2-2 网络零售的具体运营方式

项目	分类	具体运营方式
①	A-C-H-J-L	开设传统店铺的实体零售企业以综合性商品组合运营商人型网站
②	A-C-H-J-N	开设传统店铺的实体零售企业以综合性商品组合在其他公司的平台型网站上运营网络店铺
③	A-C-H-K-L	开设传统店铺的实体零售企业以专业品类商品运营商人型网站
④	A-C-H-K-N	开设传统店铺的实体零售企业以专业性商品组合在其他公司的平台型网站上运营网络店铺

项目	分类	具体运营方式
⑤	A-D-H-K-L	开设直营店的生产企业运营商人型网站
⑥	A-D-H-K-N	开设直营店的生产企业在其他公司的平台型网站上运营网络店铺
⑦	A-D-I-K-L	开设直营店的生产企业运营商人型网站
⑧	A-D-I-K-N	没有开设直营店的生产企业在其他公司的平台型网站上运营网络店铺
⑨	A-E-I-K-L	批发企业运营商人型网站
⑩	A-E-I-K-N	批发企业在其他公司的平台型网站上运营网络店铺
⑪	A-F-I-J-L	邮寄销售企业以综合性商品组合运营商人型网站
⑫	A-F-I-J-N	邮寄销售企业在其他公司的平台型网站上运营网络店铺
⑬	A-F-I-K-L	商品邮寄销售企业以专业性商品组合运营商人型网站
⑭	A-F-I-K-N	商品邮寄销售企业以专业性商品组合在其他公司的平台型网站上运营网络店铺
⑮	A-G-I-J-L	新进业者以综合性商品组合运营商人型网站
⑯	A-G-I-K-L	新进业者以专业性商品组合运营商人型网站
⑰	A-G-I-K-N	新进业者以专业性商品组合在其他公司的平台型网站上运营网络店铺
⑱	B-C-H-K-N	开设传统店铺的个体零售商以专业性商品组合在其他公司的平台型网站上运营网络店铺
⑲	B-G-I-K-N	没有零售经验的个体零售商以专业性商品组合在其他公司的平台型网站上运营网络店铺
⑳	A-G-I-J-M	新进业者以综合性商品组合运营平台型网站
㉑	A-G-I-K-M	新进业者以专业性商品组合运营平台型网站

与个体经营的网络零售相比，企业经营的网络零售的运营方式就显得较为复杂。其中，①②③④是实体零售企业开展的网络零售。许多实体零售企业将传统店铺内的在售商品信息展示到网站上，其加入网络零售的主要目的就是拓展现有的销售渠道。除了可以经营商人型网站，实体零售企业还可以在其他公司的平台型网站上运营网络店铺。⑤⑥⑦⑧是生产企业开展的网络零售。其中，⑤和⑥是指生产企业在拥有直营传统店铺的基础上，又加入网络零售市场；⑦和⑧是指从未开设直营传统店铺的生产企业所开展的网络零售。生产企业既可以自己经营商人型网站，又可以在其他公司的平台型网站上运营网络店铺。

从理论上讲，像表2-2内⑨和⑩这样的批发企业也是可以开展网络零售的，但在现实中直接从事网络零售业务的批发企业并不多。最初，批发企业的服务对象是零售企业、其他批发企业、生产企业（农业企业、制造企业等）、单位用户（医院、餐馆、学校等）、政府机构等。与零售企业不同，批发企业在大批量销售商品的过程中主要追求的是规模经济。但进入网络零售后，批发企业逐渐意识到面向个人消费者的小批量销售、商品包装、配送等流通活动与现有业务内容存在较大差异，一方面未能实现销售渠道的拓展，另一方面还给主营业务带来了一定的负面影响。因此，很多批发企业并不会选择直接进入网络零售市场，而是为网络零售企业提供网络批发服务。

　　表2-2内的⑪⑫⑬⑭是邮寄销售企业开展的网络零售。作为传统的无店铺零售企业，邮寄销售企业一旦进入网络零售市场就突破了杂志等印刷媒体在版面上的限制及电视等电波媒体在时间上的限制。中小规模的邮寄销售企业可以在其他公司的平台型网站上运营网络店铺。大型的邮寄销售企业不仅可以选择运营商人型网站，还可以在其他公司的平台型网站上运营网络店铺。利用现有的库存管理和商品配送等方面的专业知识，美国和日本等国家的传统邮寄销售企业通过进军网络零售市场获得了巨大成功。而表2-2内的⑮⑯⑰⑳㉑是新进业者开展的网络零售。其中，⑮和⑯主要经营商人型网站。这类新进业者具备一定的资金和技术实力，既可以开展综合性商品组合的销售，又可以开展专业性商品组合的销售。⑰主要在其他公司的平台型网站上运营网络店铺。这类新进业者的销售规模较小，多以销售专业性商品组合的形式开展网络零售业务。

　　上述进军网络零售市场的企业通过采购（生产）和销售商品来赚取利润。但是表2-2内的⑳和㉑运营的是平台型网站，这与之前所讨论的其他网络零售运营方式存在较大差异。这类网络零售企业并不直接销售商品，而是通过大量招募开店者的方式，依靠收取开店费、管理费、广告费等服务费来获得收益。其商品组合较为灵活，可以根据企业的发展情况动态调整，既可以像⑳那样广泛招募开店者以综合性商品组合开展网络零售业务，又可以像㉑那样为了追求差异化竞争优势而招募特定品类的开店者以专业性商品组合开展网络零售业务。由于运营平台型网站需要拥有先进的通信基础设施并具备大数据处理等尖端的信息处理能力，因此，相较于传统流通企业而言，往往一些大型的新进业者会采用这种运营方式。

　　至此，本书共整理了21种网络零售的运营方式，并把表2-2内的①③⑤⑦⑨⑪⑬⑮⑯这样独立运营商人型网站的网络零售称为商人型网络零售，把②④⑥⑧⑩⑫⑭⑰⑱⑲这样的开店者在⑳和㉑这样的平台型网站上运营网络店铺的网络零售称为平台型网络零售。换言之，平台型网络零售是由平台型网站的运营商与开店者共同合作实现的。由此看来，对于平台型网站的运营主体而言，招募更多的开店者加入自家平台是首要问题；对于开店者而言，网络店铺的运营要紧密结合各项平台规则开展。

需要注意的是，表2-2内的①③⑤⑦⑨⑪⑬⑯这样运营商人型网站的企业也可以在其他公司的平台型网站上运营网络店铺，而像⑮这样以综合性商品组合运营商人型网站的新进业者往往更加倾向于独立运营。

第三节　我国网络零售的运营方式

近年来关于全渠道零售的研究日渐增多。全渠道是指将线上零售（网络零售）与线下零售（实体零售）进行整合后为消费者提供零售服务。由于本书的研究目的是明确以无店铺为前提的纯网络零售的本质，因此后续的讨论将排除表 2-2 内的①②③④⑤⑥⑱等开设传统店铺的网络与实体混合网络零售。此外，根据第二节的分析我们可以认为表 2-2 内的⑨和⑩这样的批发企业通常不会选择直接开展网络零售业务。再者，由于表 2-2 内的⑪⑫⑬⑭这样的邮寄销售企业在创业之初就未曾开设过传统店铺，因此邮寄销售企业所开设的网络零售只不过是对原有业务的一种补充，并不是本书主要的讨论对象。

本节主要以表 2-2 内的⑦ A-D-I-K-L、⑧ A-D-I-K-N 这样的生产企业和⑮ A-G-I-J-L、⑯ A-G-I-K-L、⑰ A-G-I-K-N、⑲ B-G-I-K-N、⑳ A-G-I-J-M、㉑ A-G-I-K-M 这样的新进业者所开展的网络零售为中心来讨论我国网络零售市场的发展。需要注意的是，新进业者又可以分为个体和企业两大类。

一、生产企业进军网络零售

生产企业在进军网络零售后可以用较低的成本来扩展销售渠道和消费人群，并从消费者那里直接收集更多信息。这样一来，更加便于生产企业针对不同类型的消费者开发个性化的商品。从企业的发展规模来看，进军网络零售市场的生产企业又可以分为具有品牌影响力的大型生产企业和不具有品牌影响力的中小型生产企业。

对于具有品牌影响力的大型生产企业而言，绝大多数消费者已经知晓了该品牌的存在，因此对商品的信任度也就更高。这类生产企业通常会选择运营商人型网站并积极投资订单处理与物流体系以构建属于自己的网络零售系统。例如，大型体育用品品牌耐克就在自家的商人型网站上销售商品。为了进一步拓展销售渠道，耐克有时也会在其他公司的平台型网站上运营网络店铺。另外，追求更佳的商品宣传效果也是生产企业进军网络零售市场的目的之一。

中小型生产企业的生产规模小、市场占有率低。在传统的实体零售流通体系中，中小型生产企业迫于大型经销商的压力而被动地压低商品价格的情况并不少见。由于自身没有能力建立稳定的实体零售流通体系，大部分中小型生产企业只能依赖批发企业来销售商品。与在实体零售市场构筑一个稳定的销售渠道相比，虽然中小型生产企业在平台型网站上运营网络店铺也需要组织保管、包装、配送等基本的物流活动，但是可以较低的成本快速进入市场。特别是一些小众商品，虽然在固定的商圈内中小型生产企业的目标消费者数量十分有限，但从理论上来说，一旦进入网络零售市场后，它们就可以为分散在全国各地的消费者提供商品。

二、个体新进业者进军网络零售

随着互联网的普及，很多人希望能够分得网络零售的一杯羹。通常情况下，他们会选择建立自己的网站并展示商品的信息和价格。最开始的时候，人们普遍认为，网络零售是一种经营成本很低的零售模式，这让很多经济实力较弱的年轻人将网络零售视为一个绝佳的创业机会，并投入了极高的热情。在20世纪90年代，个体经营的网络零售网站数量出现了爆炸式增长。

实际上，要想实现真正意义上的网络零售，不仅需要在网站上展示商品的信息和价格，还需要处理订单的设施、设备及一些基本的零售技巧。通过网站展示商品的各类信息是一件很容易的事，但网络零售中的订单处理和物流配送体系的建设要比想象中耗费更多的资金。另外，对于消费者而言，从互联网上的众多网站中发现某个特定网络零售企业的网站并不是一件容易的事。由此看来，能够浏览个体网络零售网站的消费者数量实际上并不多。其最终结果就是运营网络零售网站的个体选择停止经营并无奈退出市场。目前，纯个体经营的网络零售网站基本已经消失，而作为主流真正参与网络零售市场竞争的实际上是那些能够承受一定资金压力的各类企业。

三、企业新进业者进军网络零售

（一）运营商人型网站的新进业者

随着网络零售的发展，出现了很多首次进军流通行业的新进业者。它们大致可以分为三个类别，分别是运营商人型网站的新进业者、运营平台型网站的新进业者及在平台型网站运营网络店铺的新进业者。本节以运营商人型网站的新进业者的网络零售业务为中心展开讨论。

运营商人型网站的新进业者需要从供应商处采购商品并设定商品价格，然后销售给消费者。这种销售方式也常见于实体零售。通过自建信息采集、订单处理、物流管理等系统，新进业者可以控制网络零售的交易过程，从而防止假货流入并提高运营效率。然而，新进业者要想运营真正意义上的商人型网站就必须承担各类运营成本，主要包括信息处理设备、网络设备、服务器等基础设施的购置或租赁费用、办公室的运行和维护费用、商品采购费用、库存保管费用、配送费用及人工费用等。如果交易额过低的话，就很难覆盖运营商人型网站的各类费用。另外，网络零售与在街边设立传统店铺的实体零售不同，要想提高商人型网站的知名度并实现一定的消费者访问量，还必须投入大量的营销推广费用。

由此看来，网络零售是可以随便加入并轻松盈利的观点是不切实际的。对于新进业者而言，运营商人型网站的门槛实际上还是比较高的。

（二）运营平台型网站的新进业者

当网络零售市场中的网站数量越来越多的时候，消费者搜索商品信息的难度也会随之加大。这时，卖方和买方的相遇便成为偶然事件。为了去除这种偶然性，市场中出现促进交易达成的第三方机构就显得顺理成章了。这个第三方机构就是运营平台型网站的新进业者。运营平台型网站的新进业者邀请生产企业、中小商家等开店者加入自己的网络零售平台，并为其提供网络店铺展示、订单管理、数据分析、在线支付等服务。而服务费和销售佣金是这类网络零售企业的主要收入来源。开店者可以向平台型网站的所有消费者销售商品，平台型网站也可以通过丰富商品组合来吸引更多的消费者访问自家网站。通常情况下，平台型网站倾向于形成综合性的商品组合。为了追求差异化，一部分平台型网站也会选择形成专业性的商品组合。由于开店者参与平台型网站的门槛比较低，一部分劣质开店者心存侥幸销售次品和假货，从而严重影响消费者对平台型网站的信任，这对经营平台型网站的新进业者而言是一个必须积极应对并及时解决的棘手问题。

最初，运营平台型网站的新进业者将库存管理和备货等物流活动完全交由各开店者自行负责，并未建立自己的物流体系。在这种情况下，开店者往往会自行组织订单处理、包装等物流活动，并将配送活动外包给第三方配送企业。面对竞争日趋激烈的网络零售市场，经营平台型网站的新进业者为了提高开店者的物流质量及消费者的物流体验，纷纷着手构建属于自己的物流体系。

（三）在平台型网站开店的新进业者

许多中小型新进业者并不会运营自己的商人型网站或物流体系，而是在其他公司的平台型网站上运营网络店铺。具体而言，中小型新进业者通过在其他公司的平台型网站运营网络店铺的方式可以实现以较低的成本享受到标准化的网络店铺运营、市场情报、促销、订单处理、信用管理、结算、物流等信息系统服务。另外，当中小型新进业者在平台型网站上运营网络店铺时，自家的商品信息还可以与其他开店者的商品信息产生关联，这样一来便可以促成一部分消费者进行比较购买与关联购买。

除了中小型新进业者，也有一部分大型新进业者为了拓展自家商品的销售渠道而选择一边运营商人型网站，一边在其他公司的平台型网站上运营网络店铺。

（四）运营混合型网站的新进业者

新进业者将自己经营的商人型网站开放给开店者，并向开店者提供网络店铺展示、信息处理、结算、物流配送等服务的话，那么他们的网站就变成了"混合型网站"。这样一来，既可以丰富网站展示的商品组合，又可以期待销售规模的扩大及运营成本的降低。

尤其是对于那些运营大型商人型网站并拥有完善自建物流体系的网络

零售企业而言，在建设大规模物流中心等仓储设施的基础上，将开店者销售的商品保管在自家的仓储设施内，并根据订单信息为开店者代行拣货、包装、配送等一系列物流活动的话，就可以大大提高自建物流体系的运行效率。但是，在从商人型网站向平台型网站的转型过程中，运营主体如何控制商品的品质及如何避免自营商品与开店者销售的商品发生冲突是亟须解决的重要问题。

第四节　不同网络零售运营方式的关联性

本节将讨论不同纯网络零售运营方式之间的关联性。首先，明确纯网络零售的运营主体主要是生产企业和新进业者。最初，大家都认为网络零售是一个低运营成本且极容易进入的市场，但实际上建立一个高效的订单处理和物流体系需要耗费大量资金。目前，早期进入市场的个体新进业者已经基本完全退出。具体而言，目前市场上纯网络零售的运营方式主要有表 2-2 内的⑦ A-D-I-K-L、⑧ A-D-I-K-N、⑮ A-G-I-J-L、⑯ A-G-I-K-L、⑰ A-G-I-K-N、⑳ A-G-I-J-M、㉑ A-G-I-K-M 这 7 种。

图 2-1 展示了各种纯网络零售运营方式之间的关联性。总体而言，网络零售的运营主体主要分布在图 2-1 的四个区域中。其中，纵轴根据商品组合将网络零售的网站类型分为综合性和专业性；横轴根据运营方式将网络零售网站分为商人型网站和平台型网站。需要注意的是，开店者在平台型网站上运营的网络店铺也被认为是商人型网站的一种。

由某一运营主体独立运营商人型网站的网络零售被称为商人型网络零售，而网络店铺运营主体与平台型网站运营主体合作开展的网络零售被称为平台型网络零售。但是，严格来说，运营平台型网站的新进业者并不是传统意义上的商业企业，而是服务企业。图 2-2 是商人型网络零售和平台型网络零售概念的对比。具体而言，在商人型网络零售中，网站的运营主体是商业企业，拥有商品的所有权和定价权并且可以直接控制对消费者的销售行为。相对而言，在平台型网络零售中，网站运营主体的主要任务就是将开店者的供给与消费者的需求进行匹配，并尽可能促成两者达成交易。如果没有中小型生产企业和中小型新进业者在平台型网站运营网络店铺的话，那么商品的销售也就无法实现。此外，平台型网站运营主体所收取的手续费等实际上是由开店者开展网络零售业务获得的。从这个角度来说，运营平台型网站的新进业者实际上也参与了商品所有权的转移活动，因此，可以将平台型网站的运营主体看作存在于网络零售世界中的一种特殊商业企业。

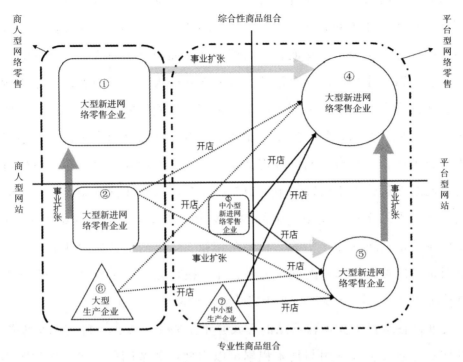

图2-1　网络零售运营方式的关联性

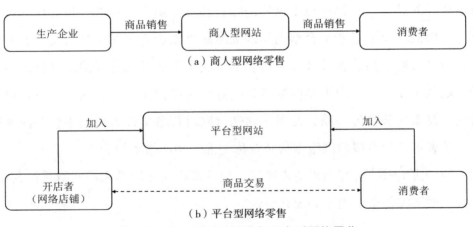

（a）商人型网络零售

（b）平台型网络零售

图2-2　商人型网络零售与平台型网络零售

　　当众多开店者到平台型网站上运营网络店铺时就可以为消费者提供丰富的商品，消费者也更愿意使用该平台型网站。与此同时，当使用平台型网站的消费者逐渐增多时，将会有更多的开店者愿意到平台型网站运营网络店铺。这也正是平台经济中的"间接网络效应"。

如果将网站的运营主体统一看作网络零售企业，那么开展网络零售业务的网络零售企业主要可以分为商人型网络零售企业、平台型网络零售企业、开店型网络零售企业。具体而言，以综合性商品组合运营商人型网站的大型新进业者、以专业性商品组合运营商人型网站的大型新进业者及以专业性商品组合运营商人型网站的大型生产企业是商人型网络零售企业；以综合性商品组合运营平台型网站的大型新进业者及以专业性商品组合运营平台型网站的大型新进业者是平台型网络零售企业；而以专业性商品组合在其他公司的平台型网站上运营网络店铺的中小型新进业者和以专业性商品组合在其他公司的平台型网站上运营网络店铺的中小型生产企业是开店型网络零售企业。需要注意的是，当图2-1中的②和⑥在④和⑤这样的平台型网站上运营网络店铺时也可以被看作开店型网络零售企业。换言之，开店型网络零售企业是一类依附于平台型网络零售企业的特殊商人型网络零售企业。

另外，各运营主体运营网站的方式并不是固定不变的。随着网络零售企业的成长，通过资源重组与技术积累可以实现业务范围的扩张。例如图2-1中像②这样以专业性商品组合运营商人型网站的大型新进业者可以不断丰富所售商品的品类，并形成像①这样的综合性商品组合。此外，像⑤这样最初以专业性商品组合运营平台型网站的大型新进业者为了扩大销售规模和影响力，也可以通过招募各种各样开店者的方式来形成像④这样的综合性商品组合。而像①②这样的商人型网络零售企业还可以向第三方开店者开放自己先进的信息系统和物流体系，此时，网站就同时具备了商人型与平台型两种属性。笔者把这种类型的网络零售企业称为混合型网络零售企业。

为了使本书的研究结果清晰明了，接下来将主要以商人型网络零售企业、平台型网络零售企业为中心展开讨论。

第三章 流通与实体零售流通功能

流通理论及概念的起源最早可追溯至古典经济学时期，西方经济学中的制度经济学、区域和城市经济学对流通均有所涉及，马克思主义政治经济学为流通理论奠定了基础。"流通论"这一学术研究领域起源于日本，日本学者针对本国经济开创了流通论研究领域，专门针对流通进行了不同维度的研究，他们较为关注商品流通的具体组织和运行过程，为探究商业组织的内部构成开启了大门，这对我国学者的研究产生了深远影响。

本书主要关注运营网络店铺的网络零售企业所执行的流通功能。本章将回顾以开设传统店铺的实体零售为前提所构建的流通与零售流通功能理论，在确认现有研究局限性的基础上提出本书的研究视角。

第一节 流通的任务

本节明确了生产企业与消费者之间存在的悬隔，并讨论流通流是如何填补这些悬隔的。

一、生产企业与消费者之间的悬隔

随着市场经济的发展，社会分工越来越细。与此同时，生产企业与消费者之间的悬隔也在不断拉大。实际上，生产和消费是由商品联结在一起的。生产企业制造商品以获取利润，消费者购买商品以维持生活。

田村正紀（2001）指出生产企业与消费者之间存在空间悬隔、时间悬隔、信息悬隔、所有权悬隔和价值悬隔。具体而言，二者之间产生悬隔的原因如下。

（1）空间悬隔是由生产企业的选址和消费者的居住场所在地理空间上被分割而产生的。生产企业的选址主要由到需求地的距离、劳动力资源、原材料及生产技术等因素决定。总的来看，生产企业往往倾向于集中在某些特定地区组织生产活动。另外，消费者居住的场所主要由就业机会、生活环境等因素决定。与生产企业相比，消费者的居住范围较为分散。

（2）时间悬隔是由商品的生产时间点和消费时间点的不同而产生的。一方面，商品从生产企业运输到消费者手中需要花费一定的时间；另一方面，生产过程所花费的时间和交易谈判过程所花费的时间进一步拉大了这种时间悬隔。

（3）信息悬隔是由生产企业与消费者之间的不确定性产生的。消费者的不确定性主要是指商品供给者在信息获取上的不足，如无法准确了解具体存在哪些生产企业及各生产企业的商品质量与价格等信息。生产企业的不确定性主要是指缺乏具体的消费需求信息，如消费者的接受价格是多少，以及在何时、何地存在多少消费者等信息。

（4）所有权悬隔是指生产企业拥有商品的所有权，而消费者没有。商品的所有权就是商品的所有者自由处理该商品的权利。

（5）价值悬隔是指生产企业对商品及其提供方式的报价与消费者所能接受价格之间的价格差。通常情况下，生产企业会从生产费用和竞争的角度来设定价格，而消费者根据商品的使用价值和自身的支付能力来设定可接受的价格。

生产企业与消费者之间的悬隔及产生悬隔的原因如表 3-1 所示。

表 3-1　生产企业与消费者之间的悬隔及产生悬隔的原因

悬隔的种类	产生悬隔的原因
空间悬隔	生产场所与消费场所之间存在距离
时间悬隔	生产时间点与消费时间点之间存在不同
信息悬隔	生产企业无法准确把握消费者的需求 消费者无法准确把握生产企业的供给
所有权悬隔	商品生产企业与该商品的消费者是相互独立的
价值悬隔	生产企业与消费者对商品的提供方式及定价缺少提前协商

在田村正纪（2001）的基础之上，日本流通学界对生产企业与消费者之间悬隔的讨论还有很多。铃木安昭（2010）指出生产企业与消费者之间存在五种悬隔，即所有权悬隔、空间悬隔、时间悬隔、数量与商品组合悬隔及信息悬隔。其中，对于所有权悬隔、空间悬隔、时间悬隔、信息悬隔等概念的理解与田村正纪（2001）基本一致，但铃木安昭指出生产企业与消费之间还

存在数量与商品组合的悬隔。数量的悬隔就是指某一商品的大批量生产与小批量消费之间的差距，而商品组合的悬隔指的是生产企业倾向于生产少品类、大批量的商品组合，而消费者的日常生活需求需要依靠多品类的商品组合来满足。

总的来说，存在于生产企业与消费者之间的悬隔是有一定差异的。所有权悬隔、空间悬隔、时间悬隔、信息悬隔及价值悬隔是客观存在的，而商品组合的悬隔是否存在取决于讨论对象是单一品类商品，还是多品类商品。

这里有两个地方需要引起特别注意。

第一，生产企业与消费者之间的悬隔不是独立存在的。田村正纪（2001）对悬隔之间的联系做了解释。一方面，时间的悬隔不仅是由生产时间点与消费时间点的不同导致的，而且生产企业与消费者之间还存在空间上的距离，以至于商品的运输过程也会导致时间悬隔的产生。另外，为了将所有权转移给对方而进行的交易谈判同样也会导致时间悬隔的产生。另一方面，时间悬隔和空间悬隔的存在导致了信息悬隔的产生。例如，在交通和运输技术不发达的年代，生产企业与消费者之间的空间悬隔是非常有限的。由于生产企业与消费者在语言和习惯等方面并不存在明显差异，因此信息悬隔也相对较小。而进入商品采购全球化时代后，生产企业与消费者之间的信息悬隔变得越来越大。需要强调的是，仅仅克服空间悬隔、时间悬隔及信息悬隔是无法完成交易的。这是因为，如果消费者未获得商品的所有权就无法自由使用，而要想实现所有权的转移就必须填补价值悬隔。

第二，信息悬隔又可以被分为消费者的信息悬隔与生产企业的信息悬隔。通常，消费者都想尽可能多地了解商品及生产企业的信息，具体包括究竟存在怎样的生产企业，这个生产企业生产了怎样的商品，这个商品的质量和价格如何，这个商品的销售地点在哪里，等等。在消费者收集信息方面，虽然互联网的应用已经广泛渗透到人们的日常生活中，但普通消费者实际上并不一定能搜集到所有其想知道的信息。另外，生产企业想要了解的主要是消费者的需求信息及如何快速、准确地将信息传递给消费者。例如，消费者能够接受的价格水平是多少，在什么地方、什么时候存在多少消费者等信息对生产企业而言都是十分有价值的。

二、填补悬隔的流通流

田村正纪（1980）指出，"生产企业与消费者之间的悬隔是可以通过高效率的流通流来填补的"。具体而言，流通流指的是交易要素从生产企业到消费者的流动。各交易要素的流动被称为要素流，主要由所有权、商品本身、资金、信息等的流动形成。其中，商品所有权的转移过程被称为商流，商品本身的转移过程被称为物流，资金的转移过程被称为资金流，信息的转移过程被称为信息流。商流和物流是从生产企业向消费者流动的，而资金流是从消费者向生产企业流动的。需要注意的是，信息流在生产企业与消费者之间是双向流动的。另外，还可以从微观和宏观两个视角分别对流通流进行讨论。从微观角度来看，流通流指的是交易要素从特定生产企业向特定消费者的移动；从宏观角度来看，流通流是由上述微观流通流汇总而成的。

铃木安昭（2010）指出："虽然资金的移动和所有权的移动在买方和卖方之间的方向是相反的，但却形成了固定的对应关系，因此仅用所有权移动的概念来对两者进行总的概括也是可行的。"基于此观点，本书所讨论的流通流主要指的是商流、物流和信息流。其中，商品所有权转移与商品本身转移是流通流的核心，也就是所谓的商流与物流，而信息流是伴随着商流和物流的流动衍生而来的。

图 3-1 展示了流通流与悬隔的对应关系。

商流（资金流）填补的是所有权悬隔。

物流可以分为运输物流和保管物流。商品运输填补了空间悬隔，而商品的保管则填补了时间悬隔。田村正纪（2001）认为，时间悬隔的填补主要是指当消费者想要获得某种商品时就能够很容易地得到商品及其所有权，同时他还指出时间悬隔是由商流与物流共同协作来进行填补的。

信息流填补的是信息悬隔。与商品有关的信息流主要分为两种，一种是流向生产企业的信息流，主要包括生产企业的商品在何时、何地有多少需求

36

量等信息；另一种是流向消费者的信息流，主要包括消费者可以获得怎样的商品，各个生产企业之间的商品价格有多大差别等。另外，信息流的内容极其多样，涵盖顾客需求、营业信息、广告、订货、汇款、发货等方面。

当生产企业与消费者对某种特定商品的交换价格达成共识的时候，就意味着价值悬隔得到了填补。这个价格不仅指的是商品本身，流通部门向消费者提供的服务内容也会对价格产生影响。由此看来，价值悬隔的填补并不是由某一特定的要素流，而是通过流通的整个过程来实现的。

商品组合的悬隔由分拣、分配、集聚、配货等物流活动来填补。

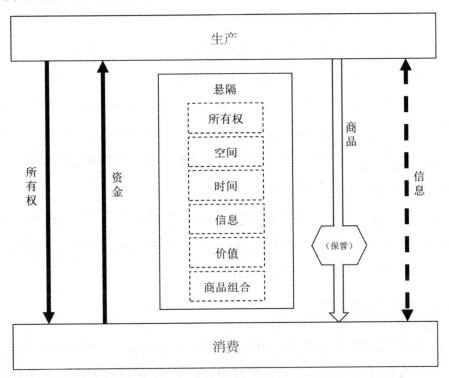

图3-1　流通流与悬隔的对应关系

第二节　流通功能

本节明确了流通功能的概念，并从宏观和微观两个视角讨论流通功能的具体内容。

一、流通功能的概念

填补生产企业与消费者之间悬隔的流通流并非自然产生的。要想产生流通流就必须发生流通活动，人们把组织流通活动的机构称为流通机构。由于流通活动是多种多样的，为了便于识别和讨论，可以把流通活动按照不同类别进行划分，而每一项流通功能都对应着一个单独类别的流通活动。具体而言，流通中固有的且专业化的各种活动的总称就是流通功能（吴小丁，2015）。需要注意的是，流通功能并不是某一单独的流通活动，也不是性质相似的一组流通活动。执行每一项流通功能都有固定的流通目的，那就是填补生产企业与消费者之间的悬隔。

如果把参与商品流通的各流通机构之间发生的所有交易关系看作一个整体的话，那么就形成了一个流通系统。一个流通机构有时只执行一项流通功能，有时又可以同时执行多项流通功能。

二、宏观流通功能

自 20 世纪初开展对流通和市场营销的研究以来，已经有许多研究者制定了多种类别的流通功能分类表。其中，F. E. Clark（1922）被认为是在流通功能分类的集大成者。表 3-2 展示了 F. E. Clark 对流通功能的分类。F. E. Clark（1922）将流通功能分为三类，并将各流通功能进一步划分为多项流通活动，具体包括所有权转移功能中的采购（收集）与销售（创造需求），物品转移功能中的运输与保管，辅助功能中的标准化、流通金融及风险承担。在此基础之上，F. E. Clark 和 C. P. Clark（1942）又在辅助功能中增加了市场信息收集分析。

表 3-2　F. E. Clark 提出的流通功能分类

流通功能	流通活动
所有权转移功能	·采购（收集） ·销售（创造需求）
物品转移功能	·运输 ·保管
辅助功能	·标准化 ·流通金融 ·风险承担 ·市场信息收集分析

日本学者在开拓流通理论研究的过程中，对 F. E. Clark 的流通功能分类进行了优化和补充。本书基于久保村隆祐（1974）、田村正纪（1980，2001）、渡辺達朗（2008）、鈴木安昭（2010）等流通学者的研究成果讨论流通功能的分类。

表 3-3 展示了久保村隆祐（1974）对流通功能的分类，他以 F. E. Clark 的三个分类为基础将流通功能分为所有权转移功能、物品转移功能与辅助功能。与 F. E. Clark 的分类相比，久保村隆祐将市场评价活动及信息传递活动归到了所有权转移功能而非辅助功能。从这个角度可以看出，信息传递在流通系统中的重要性日渐凸显。在此基础之上，1974 年久保村隆祐又将流通功能分解成主要功能和次要功能。例如，所有权转移功能中的交易活动就是主要流通功能，而市场评价、商品调整、信息传递等一系列流通活动是为了让交易达成所进行的准备工作。

表 3-3　久保村隆祐提出的流通功能分类

流通功能	流通活动
所有权转移功能	·市场评价（包括市场信息的收集分析） ·商品调整（标准化、商品开发、商标设定、定价、销售渠道策略、采购与销售计划等） ·信息传递（广告、推广活动等） ·交易（签订交易合同、提供商品服务等）
物品转移功能	·运输 ·存储（包括库存管理）
辅助功能	·流通金融 ·流通风险承担

表 3-4 展示了田村正纪（1980）对流通功能的分类，他将流通功能分为所有权转移功能、风险承担功能、信息传递功能、库存功能和运输功能。与

久保村隆祐（1974）的流通功能分类相比，田村正纪（1980）将信息传递功能从所有权转移功能中独立出来，进一步强调了信息传递在流通系统中的重要性。

表 3-4 　田村正纪提出的流通功能分类

流通功能	流通活动
所有权转移功能	·转移商品所有权的活动，主要由所有权的获取活动（购买）和所有权的转让活动（销售）组成
风险承担功能	·承担因拥有所有权而产生危险活动的风险
信息传递功能	·向潜在买方或卖方传达有关购买或销售意图及接受这些意图的信息的活动
库存功能	·具体由保管和货物处理构成。其中，保管是指对特定地点的商品进行实物控制的活动，货物处理是指为运输做准备、评级、挑选商品等活动
运输功能	·在不同地点之间以实物方式移动商品的活动

表 3-5 展示了田村正纪（2001）对流通功能的分类。他对自己早期的流通功能分类进行了两点修正：第一，将库存功能和运输功能整合后统一为物品转移功能；第二，虽然没有将提供信用担保这项流通活动单独列为一个流通功能，但在风险承担功能中囊括了流通金融。

表 3-5 　田村正纪修正的流通功能分类

流通功能	流通活动
所有权转移功能	·转移商品所有权的买卖活动，主要由拓展商品的供应商和销售对象、协商交易价格及其他交易条件等流通活动组成
风险承担功能	·承担因购买货物而持有库存的风险及因向贸易伙伴提供信用担保而产生的货物倒置风险等流通活动
信息传递功能	·将交易的意图和接受这些意图的相关信息传递给潜在买方及卖方的流通活动
物品转移功能	·由为实现订单而进行的商品的保管、运输和货物处理等流通活动组成其中，货物处理指的是为运输而进行的备货、分级、筛选等物流活动

表 3-6 展示了铃木安昭（2010）对流通功能的分类。他的分类角度与田村正纪（1980）相似，但将流通金融归入所有权转移功能而非风险承担功能，并指出有必要意识到各研究者对流通功能的理解持不同意见。

表 3-6 　铃木安昭提出的流通功能分类

流通功能		流通活动
所有权流通功能	所有权转移功能	·包括转移商品所有权的各项流通活动 ·决定交易对象、选择商品、决定价格、货款的支付和收取，必要时伴随着流通金融
	风险承担功能	·拥有商品并承担风险

流通功能		流通活动
商品实物流通功能	运输功能	·在不同地点之间移动商品的各项流通活动，如包装、装卸、运输等
	保管功能	·为了不使商品价值受损而进行的各项流通活动，如包装、堆放、装卸、保管、分拣等
信息流通功能	信息传递功能	·将商品供给信息向商品流动的方向传递，将商品需求信息向相反方向传递的各项流通活动，包括准备需要传递的内容、通过媒体发送和接收等 ·所有权流动和商品流动的过程中会伴随着信息的传递

表 3-7 展示了渡边達朗（2008）对流通功能的分类。他根据 F. E. Clark 及其以后的功能分类研究将流通功能分为四种，分别是与商流有关的功能、与物流有关的功能、与信息流有关的功能及辅助功能，即所有权转移功能、物品转移功能、信息传递功能和辅助功能。

表 3-7　渡边達朗提出的流通功能分类

流通功能	内容
所有权转移功能	与商流有关
物品转移功能	与物流有关
信息传递功能	与信息流有关
辅助功能	保障商流、物流、信息流顺畅

具体而言，所有权转移功能就是将经济主体之间的供给与需求进行匹配，促成交易达成并转移商品的所有权。所有权转移功能的核心概念是交易。要想达成交易就必须组织寻找交易对象、谈判、设定交易条件、拟定交易合同等流通活动。此外，卖方基于市场评价而组织的品质和商品规格调整、价格水平调整、品牌创建、关联商品备货等一系列流通活动既可以被称为需求创造功能，又是所有权转移功能的一部分。

物品转移功能的核心是运输和保管活动，通常需要包装、装卸、流通加工等流通活动来共同参与。

对于信息传递功能，当执行交易等所有权转移功能及运输、保管等物品转移功能的时候，必然会产生与之相对应的信息并发生信息的交换。也就是说，商流和物流与信息流之间有着密不可分的关系。而与信息流相对应的流通功能被称为信息传递功能。另外，信息中不仅包含商品名称、单价、数量、合计金额等事先设定好的常规信息，还包含消费者对商品的评价等无法事先设定的非常规信息。

金融和风险负担等辅助功能并不是单独存在的，它们为所有权转移功能、物品转移功能及信息传递功能的顺利执行提供了保障。

三、微观流通功能

齋藤雅通等学者在对流通功能进行分类时强调了流通功能的执行者，也就是流通机构的存在。

表3-8展示了齋藤雅通（2007）对流通功能的分类。其中，特别需要注意的是所有权转移功能的构成。他并没有过度关注诸如交易等抽象的流通活动，而是关注商家的商品组合、店铺选址、商品陈列等具体的流通活动。

表3-8　齋藤雅通提出的流通功能分类

流通功能	流通活动
所有权转移功能	·商品组合（批发、零售） ·店铺选址 ·商品陈列
物品转移功能	·运输 ·保管 ·装卸 ·包装
信息传递功能	·传递生产企业商品信息 ·传递消费者需求信息
金融和风险承担	·支付结算 ·企业间信用 ·贷款 ·风险承担

番场博之（2016）基于田村正纪（2001）和渡边達朗（2008）的研究，分析了填补生产企业与消费者之间悬隔的具体流通机构。表3-9展示的是各个流通机构所执行的基本流通功能。首先，所有权转移功能主要由批发企业、零售企业、生产企业等执行，并且是所有流通功能的核心。物品转移功能主要由运输、配送企业和仓储企业来执行。从信息传递功能的执行情况来看，不仅有市场调研机构、广告代理店、POS（point of sales）和EDI（electronic data interchange）交易系统运营商等专业从事该项业务的流通机构，而且批发企业、零售企业和生产企业也参与其中。另外，除批发企业和零售企业之外，还可以由专业化的金融机构和保险机构等来执行金融功能和风险承担功能。

表 3-9　番场博之提出的流通功能分类

流通功能		流通活动	主要流通机构
所有权转移功能 （供需连接功能）		·转移商品所有权的买卖活动。 ·开发供应商和销售客户，洽谈交易条件的活动。 ·还包括赋予品牌、配货商品等为客户提供最佳商品的各种活动。	生产企业 批发企业 零售企业
物品转移功能		·涉及商品物理移动的活动。 ·由运输、配送、保管、包装、流通加工等各种活动组成。	运输和配送企业 仓储企业
信息传递功能		·与收集、传递和买卖有关的各种信息有关的活动，如向销售对象传递商品信息，向供应商传递销售信息等。	市场调研机构 广告代理 POS 和 EDI 交易系统运营商 生产／批发／零售企业
辅助功能	金融功能	·通过资金融通保证流通顺利进行的活动。	金融机构 批发／零售企业
	风险承担功能	·承担因持有货物和向贸易伙伴提供信贷而产生风险的活动。	保险机构 批发／零售企业

四、小结

综上所述，流通功能的概念可以从宏观和微观两个角度来理解。从宏观角度看，流通功能是生产企业与消费者之间生成流通流的必要流通活动；从微观角度看，流通功能是流通机构组织流通活动的具体分类标准。

F. E. Clark（1992，1942）、久保村隆祐（1974）、田村正纪（1980，2001）、鈴木安昭（2010）等学者从宏观角度讨论了整个流通系统的流通功能。他们关注的是组织什么样的流通活动能够填补生产企业与消费者之间的悬隔，并根据流通目的将流通活动细分为几种特定的流通功能。齋藤雅通（2007）等学者以流通活动的组织者，即流通机构的存在为前提，从微观的角度对流通功能进行分类。例如，商品组合、店铺选址、商品陈列、流通加工等大部分流通活动是由商业企业来组织，而并非由生产企业来组织。从微观的角度来看，流通功能主要指的是商业企业执行的流通功能，所以又可以被称为商业功能。流通功能与商业功能的关系就是宏观与微观的关系。

表 3-10 展示了流通功能与流通流的对应关系。本书以商流、物流、信息流为中心展开讨论。填补所有权悬隔的流通活动可以归属为所有权转移功能，与之相对应的流通流是商流。填补空间悬隔的流通活动可以归属为运输

功能，填补时间悬隔的流通活动可以归属为保管功能。而运输功能和保管功能又可被称为物品转移功能，与之相对应的流通流是物流。填补信息悬隔的流通活动可以归属为信息传递功能，与之相对应的流通流是信息流。需要注意的是，各项流通功能与悬隔之间的关系并非一一对应的，有时执行一项流通功能可以填补多项悬隔。此外，流通系统中还存在一些辅助功能，它们的主要任务就是辅助所有权转移、物品转移、信息传递这三项主要流通功能的执行。例如，金融功能和保险功能就属于这一类流通功能。

表 3-10 流通功能与流通流的对应关系

生产企业与消费者之间的悬隔	流通流	流通功能		辅助功能
所有权的悬隔	商流	所有权转移功能		金融功能 保险功能
空间的悬隔	物流（运输）	运输功能	物品转移功能	
时间的悬隔	物流（保管）	保管功能		
信息的悬隔	信息流	信息传递功能		

第三节　流通功能执行的相关研究

本节将着重讨论流通功能是由哪些流通机构来执行的，并对流通机构的类型进行细分；明确任何一项流通功能都不是由某一特定的流通机构单独执行的，而是由不同的流通机构协作完成的；在此基础上，对流通功能的结构进行详细梳理。

一、流通机构的构成

执行流通功能的流通机构大致可以分为生产企业、商业企业、消费者及辅助企业四个类别。从流通的本质功能这一角度来看，亲自参与商品的所有权转移活动是一个流通机构存在的立足点。因此，生产企业、商业企业和消费者是流通机构的核心。虽然生产企业和消费者参与的主要经济活动是生产和消费，但同时也参与了销售与购买等所有权转移活动。而商业企业和辅助企业的任务是帮助生产企业和消费者代行部分流通功能并最终实现更高效的所有权转移活动。下面详细介绍商业企业和辅助企业在流通功能执行过程中的作用。

（一）商业企业

商业企业的主营业务是商品买卖。具体而言，传统的生产企业通常将市场上存在无数消费者作为生产的前提，并希望以尽可能高的价格来销售自己的商品。消费者则希望以尽可能低的价格来获得高品质的商品，而不是拘泥于某一特定生产企业的商品。商业企业的出现正是为了解决这一矛盾。在众多商业企业中，向个人消费者销售商品的是零售企业，向个人消费者以外销售商品的是批发企业。如果将执行所有权转移功能的流通机构定义为商业企业的话，那么将商业企业细分为批发企业和零售企业是没有问题的。然而，现实生活中还存在一些职能类似于批发企业和零售企业的中介和代理商。因为中介和代理商与批发企业和零售企业一样，可以直接参与所有权转移活动，所以可以将其看作商业企业。具体而言，中介和代理商并不拥有商品的所有权,但是可以作为委托人的代理人来匹配买方的需求与卖方的供给。需要注意的是,中介和代理商的收入来源不是买卖商品的差价,而是中介佣金。例如,房地产中介公司的存在就是个很好的例子。

从理论角度来分析的话,专门从事销售业务的流通机构并非都是严格意义上的商业企业。商业企业是指从事某些特定活动的流通机构,除此之外的流通机构则可以被称为配给企业。也就是说,从事商业活动的商业企业一定是流通机构,而流通机构不一定都是商业企业。铃木安昭和田村正纪(1980)根据商品组合将流通机构分为商业企业和配给企业。这里所说的商品组合主要指的是商品的种类。商业企业的商品组合由多个生产企业生产的商品构成。同时,商业企业所组织的基本流通活动是将自己销售的商品种类尽可能拓展到更多的生产企业。因此,商业企业的商品组合具有综合性。另外,配给企业的商品组合仅由单一生产企业所生产的全部或部分商品构成。配给企业所组织的基本流通活动具有将自己销售的商品种类集中于某单一生产企业所生产的商品的倾向。因此,配给企业的商品组合具有专门性。石原武政(2000)以销售单一品牌商品的专卖店为例,详细讨论了商业企业与配给企业之间的差异。他认为,尽管专卖店的经营主体是独立的第三方企业,也并没有组织真正意义上的商业活动,更像是一个从生产企业独立出来的专业销售部门,因此经营单一品牌专卖店的企业实际上是配给企业而非商业企业。

(二)辅助企业

在流通功能的执行过程中还存在广告宣传、市场调研、信息处理、运输、保管、金融、保险等专业化的第三方企业,本书将其统称为辅助企业。具体而言,辅助企业并不是直接参与商品所有权转移活动的流通机构,而是执行部分流通功能的第三方企业。随着交通和通信技术的发展,社会分工也在不断细化。部分流通功能由专业化的辅助企业来承担的情况越来越多。与此同时,商业企业通过借助专业辅助企业的力量可以将有限的经营资源更多地集中到所有权转移这一核心流通活动中来。

综上所述，商业企业与辅助企业的根本区别在于是否取得商品的所有权，或者是否直接组织所有权转移活动。商业企业需要取得商品的所有权或直接组织所有权转移活动；辅助企业既不用取得商品的所有权，又不用直接组织所有权转移活动。具体而言，商业企业是通过销售商品来开展经营业务的，一旦商品卖不出去就无法获得利润；辅助企业主要是帮助生产企业、商业企业及消费者执行部分流通功能，无论商品最终是否销售出去，只要提供相应的流通服务，就可以获得一定的服务费用。

二、流通功能的分化与统合

在分析流通功能的过程中，需要时刻注意流通机构是由于执行了流通功能才存在的。也就是说，流通机构是根据其执行流通功能的样式来界定的。实际上，流通功能是在各流通机构之间动态流转的。田村正纪（2001）提出了流通功能的"机构替代性"，认为机构替代性就是指流通功能的执行者可以由不同的流通机构来承担。正如前文所讨论的，流通机构不仅指的是批发企业和零售企业等商业企业，生产企业和消费者同样可以作为流通机构来执行流通功能。另外，运输企业和广告企业等专业辅助企业也在执行相应的流通功能。随着社会分工的细化，生产效率也在不断提高。企业仅需组织一些核心的生产活动或流通活动，其他活动则可以委托给第三方企业来完成，这种情况也被称为外包。由于流通功能的机构替代性，当某一流通机构通过修改现有流通功能的执行样式或形成新的流通功能执行样式时，便可以理解为出现了一个全新的流通机构。

各流通机构执行流通功能的样式大致可以分为两种。图3-2展示了直接流通与间接流通这两种执行样式。可以把流通流中生产企业向消费者流动的方向看作垂直方向。也就是说，如果垂直方向上只有生产企业和消费者的话，则意味着发生的是直接流通。此时，生产企业与消费者执行了所有的流通功能。如果生产企业与消费者之间还存在商业企业的话，则意味着发生的是间接流通。商业企业在垂直方向上又可以分为批发企业和零售企业。需要注意的是，流通功能在各流通机构之间的分化与统合不仅可以是垂直进行的，还可以是水平进行的。当一个流通功能从某个流通机构分化出来时，对于承接它的流通机构而言，是发生了流通功能的统合。综上所述，流通功能在各个流通机构之间处于一种流动的状态。矢作敏行（1996）将流通功能的分化与统合过程归纳为四种基本样式。在垂直方向上有两种样式，一种是将某一流通机构的一部分流通功能交由上游流通机构来执行（前向功能代理），另一种是将某一流通机构的一部分流通功能交由下游流通机构来执行（后向功能代理）。另外，在水平方向上也有两种样式，一种是某流通机构与属于同一阶层的其他流通机构共同执行某项流通功能，另一种是某流通机构将流通功能交由专业化的辅助企业来执行。

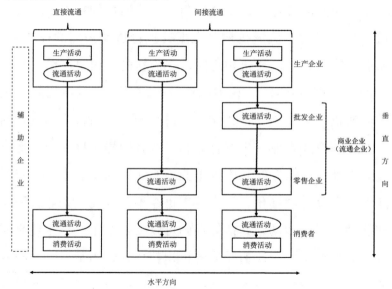

图3-2　直接流通与间接流通

虽然流通机构主要可以分为批发企业和零售企业，但实际上各批发企业或者各零售企业所执行的流通功能样式也是多种多样的。具体而言，生产企业与零售企业之间不仅存在执行供需匹配、风险承担、物流、信息传递等功能的批发企业，还存在为生产企业和零售企业等委托人寻找合适的交易对象并收取相关费用的专业化流通机构。

三、流通机构与流通功能的执行

流通机构是流通功能的执行主体，各类流通机构执行的流通功能主要包括所有权转移功能、物品转移功能和信息传递功能。

（一）所有权转移功能的执行

所有权转移功能主要由生产企业与销售企业制定商品价格、协商交易条件等流通活动组成。通常情况下，商品的所有权是从生产企业经由商业企业转移到消费者手中的。另外，所有权转移功能还可以被细分为购买活动和销售活动，二者之间的关系就像是硬币的正反面。

购买活动的组织者可以分为生产企业和商业企业。生产企业的购买活动主要指的是根据生产计划采购原材料和零部件。具体而言，生产企业主要围绕适当的商品（right goods）、适当的场所（right place）、适当的时期（right time）、适当的价格（right price）、适当的数量（right quantity）这五个"适当"来组织购买活动。当生产企业从供应商那里购买原材料和零部件的时候，还必须组织对交易对象的信用调查及交易条件的协商等流通活动。另外，根据消费者的购买意向及企业的技术开发情况，生产企业还需要组织新商品开发、现有商品改良、现有商品新用途开拓、现有商品迭代等一系列流通活动。

商业企业的购买活动与生产企业一样，在考虑五个"适当"的基础上需要对交易对象的信用状况及交易条件进行审查。但是，商业企业组织购买活动并不是为了自己开展生产，而是为了制订从生产企业那里购买商品的计划。因此，商业企业的购买活动需要以商品组合为中心，在明确商品的种类、质量、数量、时间、价格、供应商、采购方法等采购计划后，对采购来的商品进行合理的库存管理。

销售活动又可以分为定价活动和促销活动。在流通的各个环节，定价活动的组织者既可以是生产企业、批发企业、零售企业，又可以是消费者。根据商品和企业类型的不同，设定价格的主体也不尽相同。其中，汽车这类耐用商品的价格多由生产企业决定，批发市场中生鲜食品的价格则多由批发企业决定，而零售企业通常可以决定自有品牌商品和无品牌商品的价格。另外，电、气、水等公共资源的价格往往是由政府来决定的。

促销活动对商品所有权的转移起着很大的作用。即使商品已经生产完毕并且确定好了价格，如果消费者完全不知道商品的存在，那么购买活动也就无从谈起。促销的本质是卖方与买方之间的沟通。通过促销可以把卖方所存商品和商品的价值等信息传递给买方并创造需求。促销活动主要包括广告宣传及面对面销售。广告宣传是销售主体通过大众媒体传递信息的一种方式。电视和广播等电波媒介可以大范围地传递企业和商品的信息，在引起消费者注意的同时帮助企业树立形象。而报纸、杂志等印刷媒体主要通过提供更加详尽的文字和图表信息来唤起消费者的关注。

面对面销售是指销售人员通过现场口述的方式将商品的相关信息传递给买方。与广告宣传相比，面对面销售可以一边看买方的反应一边进行双向沟通。虽然面对面销售可以给买方提供更多、更优质的信息，但同时也需要花费更多的费用和时间。

（二）物品转移功能的执行

物品转移功能是通过组织包装、装卸、运输、配送、保管、库存管理、流通加工、物流信息管理等流通活动来执行的。

包装可以分为外部包装、内部包装（填充物与防潮材料等）及单品的独立包装。为了提高物流效率，生产企业通过外部包装可以使商品具有更加适合运输、存储和装卸的外形，而内部包装的目的是保护商品免受作业过程中产生的冲击、温度、湿度、光照、虫蛀等危害。独立包装则主要通过个性化的设计感来提升商品价值并起到一定的促销作用。在零售行业，像百货商店这样的企业向消费者提供精美的礼品包装服务是十分常见的。

装卸起着连接运输与保管两项流通活动的作用，在商品的移动过程中是一项不可或缺的流通活动，它主要由入库、拣选、分拣、装车、出库、转运、卸货等环节组成。装卸活动主要由专业的物流企业来组织，但实际上生产企业、批发企业及零售企业也参与了部分工作。货物的装卸曾经是高度依赖劳动力的物流活动，随着技术的进步和机械的改良，装卸活动的自动化正在迅速普及。

运输就是把商品从一个地点移动到另一个地点。随着交通技术的不断进步，运输方式也日渐丰富，除了铁路、公路和管道等陆上运输，还有以船舶为运输工具的水上运输及以飞机为运输工具的航空运输。相关机构需要综合考量商品的品质、新鲜度、价格、数量、行程距离、到达日期、运输目的地等条件，从而选择恰当的运输方式。生产企业和商业企业开展运输活动的方式主要可以分为两类：一类是通过企业内部调配来组织运输；另一类是将运输外包给专业化的物流企业。物流企业会按照相应的指示将商品送达目的地。另外，我们可以将消费者到店购物并且自行将商品带回的行为理解为消费者组织的运输活动。"配送"的概念与运输类似，虽然两者之间并没有明确的区分标准，但一般我们将城市间的长途、大批量商品移动理解为运输，而将区域内的短途、小批量商品移动理解为配送。

保管是指将商品存放到仓储设施中，并尽量保证商品的品质从生产时间点到消费时间点都不发生改变。仓储设施主要包括长期保管大量商品的储藏仓库和短期保管商品的流通仓库。伴随社会分工的细化，专门从事仓库管理和运营的专业化仓储企业日益增多。需要注意的是，除了仓储企业，保管活动的主体还可以是生产企业、批发企业、零售企业乃至消费者。例如，一些生产企业和商业企业在创业之初就拥有自己的仓储设施。此外，商业企业通过自建配送中心来组织保管活动也是十分常见的。近年来，保管活动在从长期保管转为短期保管的同时，实现多品种、少批量、高频率的进出库已经成为主要发展方向。由此看来，库存管理在保管活动中的重要性日渐凸显。

流通加工与生产的不同之处在于不改变商品的基本功能，而是根据消费者的使用需求对商品进行轻微调整。具体而言，流通加工主要指通过验货、检验、维修、组装、切割、拼装等手段来调整商品的数量和规格，通过标准化、分级等手段来调整商品的质量和尺寸，通过包装、装箱、打包等手段来保护和促销商品。此外，贴价格标签、贴条形码等活动也属于流通加工的一部分。因为流通加工可以在仓库、在途交通工具内、传统店铺的后场等场地进行，所以流通加工的组织者可以是仓储企业、运输企业、批发企业及零售企业中的任何一方。

物品转移功能的流通对象是商品本身。也就是说，物品转移功能所要承担的任务是将供应链上游生产的商品移动到下游的商业企业和最终消费者。在商品从生产企业移动到消费者的过程中，保管和库存管理是十分重要的物流活动。最初，物流活动是由生产企业、批发企业和零售企业自行组织的。

随着社会分工的细化，出现了一大批具有经济性、效率性、安全性的专业化物流企业。虽然也有一部分开设传统店铺的实体零售企业会将商品配送至消费者手中，但大部分消费者还是会采取到店购买的形式并自行将商品带回。图 3-3 展示了商品的物流活动。

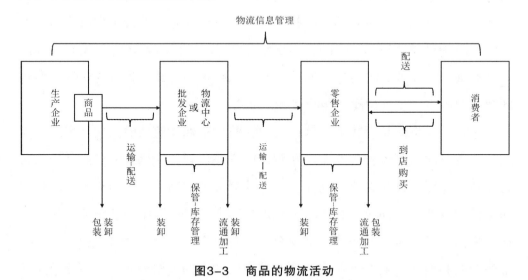

图3-3　商品的物流活动

此外，为了保证一系列物流活动顺利推进，物流信息的管理也是必不可少的。物流信息主要包括库存信息、入库和出库信息、运输信息等。生产企业和商业企业可以通过对物流信息的有效管理来降低不良库存，并改善配送效率。在很长一段时间里，消费者并不是那么在意物流信息。随着网络零售及个人快递配送业务的普及，网购商品的物流信息已经成为消费者生活中关注度最高的信息之一。

（三）信息传递功能的执行

信息在交易的全过程（即事前、事中、事后）扮演着十分重要的角色。流通系统中的信息主要包括从卖方流向买方的信息及从买方流向卖方的信息。前者是促销，后者是市场调研。具体而言，信息流由预测和反馈两部分组成。图 3-4 展示了流通系统中的信息传递模型。生产企业和商业企业等卖方根据市场信息做出生产和销售的预测，并根据预测的结果确认想要传递给买方的促销信息。随后将经过确认的促销信息制成符号、文字、影像等形式后通过媒体传递给买方。具体而言，媒体既包括面对面的交流，又包括报纸、电视等非面对面的交流。最后可以通过市场调研的形式将交易状况和库存数据等信息作为对照结果反馈给卖方。这样一来，卖方就可以将预测与反馈的信息进行对比，并预测下一轮需要传递怎样的信息。

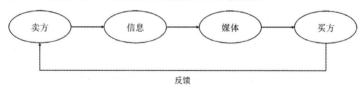

图3-4　流通系统中的信息传递模型

图 3-5 展示了实体零售流通系统中的信息传递结构。其中，关系 A 指的是从消费者流向生产企业的消费者需求信息及从生产企业通过媒体流向消费者的促销信息，这两类信息在生产企业与消费者之间实现了直接交换。关系 B 指的是零售企业以店内展示的商品为中心向消费者传递的店铺促销信息及伴随消费者购物产生的流向零售企业的 POS 数据、库存数据等交易信息。需要注意的是，由于关系 A 中的消费者需求信息是通过市场调研汇总而来的，所以信息的处理、更新速度相对较慢。生产企业与其自行组织收集、处理信息活动，不如将其外包给效率更高的专业市场调研机构。而关系 B 的交易信息可以通过收银系统实现每日更新。关系 C 指的是批发企业掌握生产企业和零售企业大量的交易信息和促销信息。生产企业通过批发企业向零售企业传递商品信息、收益预期等促销信息，而零售企业通过批发企业向生产企业传递交易信息。只有当生产企业掌握的商品信息与零售企业掌握的交易信息实现互补的时候，才能保证流通活动的顺利推进。

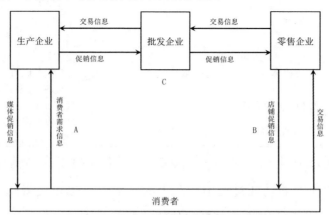

图3-5　流通系统中的信息传递结构

前文讨论了卖方向买方传递促销信息的方法。接下来，笔者将讨论调研消费者需求的质和量的变化、消费者对已购买商品的评价、竞争商品动向等一系列市场信息的方法。

表3-11罗列了市场调研的基本方法。常见的市场调研方法主要有提问法、观察法、实验法、消费者小组调查法和动机调查法。随着互联网的普及，今后还将出现一系列与信息发布和收集相关的新调研方法。在众多调研方法中最常见的是提问法，它通过直接向调研对象进行提问来收集必要的信息。观察法指的是通过对人、事、物的详尽观察来收集信息。例如，通过监控或自动柜台设备来确认消费者在商业街内的移动轨迹，并确认年龄、性别、购买次数、停留时间等信息。另外，还可以将互联网上的社交网络服务和网络论坛等产生的庞大讨论信息作为大数据来分析和利用。实验法指的是通过实验观察调研对象的反应，并从结果中收集信息的方法。消费者小组调查法指的是以特定的消费者群体为调查对象，并以某个调查项目为中心来调查一定时期内的使用动态。动机调查法的目的是探明消费者购买某种商品的真正原因，不过这种调研方法的缺点在于收集来的信息往往难以实现量化。

表 3-11　市场调研基本方法

方法分类	调研方法细分
提问法	邮寄法
	电话法
	面试法
	互联网调查
观察法	直接观察
	间接观察
	参与观察
实验法	分批上市
	消费者试用
	变化陈列方式
消费者小组调查法	固定调研对象
动机调查法	深层面试法
	集体面试法

实际上可填补生产与消费之间悬隔的并不仅限于商品信息和消费者信息。在执行各项流通功能过程中所产生的其他信息也正变得越来越重要。表3-12展示了流通系统中流通信息的整体情况。矢作（1996）将流通系统中各

流通机构之间传递的流通信息分为交易信息、物流信息与市场信息，而交易信息又可以进一步细分为所有权转移信息与促销信息。

表 3-12　流通系统中流通信息的整体情况

流通信息		整体情况
所有权转移信息 （交易信息）	交涉信息	寻找特定商品的买方或卖方，并就交换条件进行交涉所涉及的信息
	订货信息	买方决定购买并向卖方传达这一意向的订购信息
		卖方确认收到订单的信息
	所有权转移信息	确认交易过程中的签约、执行及所有权发生转移的信息
	付款信息	关于支付与收款的信息
		向金融机构支付的指令信息、从金融机构获取的收款信息
		应收账款与应付账款信息
物流信息	库存信息	入库与出库信息
		当前在库（包括店铺与仓库）信息
	运输信息	发货与到货信息
		向承运人发出的运输指令信息、到货信息
促销信息（广告信息）		广告等与促销相关的信息
市场信息 （市场调研机构提供的信息）	需求信息	最终需求方的需求信息，如需求的区域、商品组合、品质、时间、批量等
	竞争信息	围绕某一品牌在流通的各个环节开展的横向竞争与纵向竞争等信息

在各类流通信息中，所有权转移信息、物流信息及促销信息的数量庞大，而且信息更新的速度也很快。其中，订货信息、所有权转移信息、支付信息、库存信息、运输信息及促销信息通常具有标准化格式，被称为常规信息。常规信息往往更加适合用机器来处理和分析。而消费者对商品的需求和评价及竞争对手的现状等一系列市场信息则需要通过市场调研来获取。这类信息不仅数量少更新速度慢，而且整个信息获取的过程需要耗费更多的时间和成本，同时，这类信息也被称为非常规信息。对于生产企业和商业企业而言，非常规信息的收集与处理是一大难题。

另外，生产企业与消费者之间不仅发生了信息的传递，信息的收集与处理也是客观存在的。具体而言，收集来的信息可以用于流通功能执行过程中的决策与管理，并大大提高流通功能的执行效率，进而提高各项流通功能的性能。另外，通过对信息的处理还可以增进各项流通功能之间的相互协作。综上所述，信息传递功能一直以来都被认为是所有权转移功能和物品转移功能的附属功能，但实际上现在有很多所有权转移功能和物品转移功能的执行是以信息传递为前提的，也就是说信息传递同样可以产生价值。

四、小结

本节从宏观和微观两个角度来对流通功能进行分析。从宏观角度来看，主要关注在填补生产企业与消费者之间悬隔的过程中需要执行哪些流通功能；从微观角度来看，则主要关注在填补生产企业与消费者之间悬隔的过程中存在哪些流通机构，各个流通机构又是如何执行流通功能的，各项流通功能又包含哪些流通活动。

要想明确流通功能的概念，就必须弄清楚各项流通功能所对应的流通对象、流通活动及流通机构。表 3-13 展示了流通系统中各流通机构执行流通功能的整体情况。

表 3-13　流通机构执行的流通功能

流通功能	流通对象	流通活动	主要流通机构
所有权转移功能	商品的所有权	购买 （商品规划、商品组合形成） 销售 （定价、促销）	生产企业 批发企业 中介/代理商 零售企业 消费者
物品转移功能	商品本身	包装 装卸 运输与配送 保管与库存管理 流通加工 物流信息管理	生产企业 批发企业 零售企业 物流企业 （运输企业/仓储企业） 消费者
信息传递功能	所有权转移信息 物流信息 促销信息 市场信息	促销 （广告、面对面销售） 交易信息收集 市场调研 储存与处理	生产企业 批发企业 零售企业 物流企业 大众传媒 市场调研机构 消费者
辅助功能	所有权转移功能、 物品转移功能、 信息传递功能的 执行对象	金融 风险承担 企业运营 人事管理	生产企业 批发企业 零售企业 金融机构 保险机构

首先，所有权转移功能对应的流通对象是商品的所有权。参与所有权转

移的流通机构包括生产企业、商业企业及消费者。其中，根据交易对象和收入方式的不同，商业企业可以进一步细分为批发企业、中介、代理商和零售企业。所有权转移功能的执行主要是通过组织购买和销售这两种流通活动来实现的。生产企业根据生产计划来购买原材料和零部件。商业企业通过向供应商采购商品来形成自己的商品组合。生产企业和商业企业为了销售商品，需要确定商品的价格并开展促销活动。消费者虽然也被看作一类特殊的流通机构，但并不组织销售活动，而只是参与购买活动。

物品转移功能对应的流通对象是商品本身。物品转移功能所涵盖的流通活动主要有包装、装卸、运输、配送、储存、库存管理、流通加工及物流信息管理等。最初，物品转移功能是由生产企业和商业企业直接执行的。随着社会分工的细化，出现了运输企业和仓储企业等专业化的物流企业，很大一部分物品转移功能也从生产企业和商业企业逐渐转由物流企业来执行。另外，消费者的到店购买行为也可以看作在执行物品转移功能。

信息传递功能对应的流通对象主要包括所有权转移信息、物流信息、促销信息及市场信息等。生产企业和商业企业为了转移商品的所有权，通过面对面销售或广告等促销活动来向消费者传递生产企业和商品的信息。在这一过程中，各类媒体扮演着十分重要的角色。一方面，市场调研机构会主动收集消费者的相关信息并传递给生产企业和商业企业；另一方面，生产企业和商业企业还可以通过 POS 系统自动收集交易数据。这样一来，生产企业和商业企业又可以此为基础开展新一轮的促销活动。随着互联网的普及，消费者相互之间的信息传递活动变得越来越重要。如果物流信息可以在生产企业、商业企业、物流企业及消费者之间高效传递，那么所有权转移的效率也会大大提高。需要强调的是，在执行信息传递功能的过程中，信息的储存和处理是两个不可或缺的环节。

填补生产企业和消费者之间的悬隔不仅需要执行所有权转移功能、物品转移功能和信息传递功能，还需要执行金融、风险承担、企业运营、人事管理等辅助功能。随着社会分工的细化，金融和风险承担等辅助功能从生产企业和商业企业转由金融机构和保险机构等专业化企业来执行。本书主要讨论商业企业执行的所有权转移功能、物品转移功能和信息传递功能。

简言之，生产企业与消费者之间存在所有权悬隔、时间悬隔、空间悬隔、信息悬隔、价值悬隔、商品组合悬隔等多种悬隔。要想填补这些悬隔就必须有商流、物流和信息流的产生。但是，商流、物流和信息流并不是自然产生的，需要通过流通机构执行流通功能来实现。

图 3-6 展示了流通功能的基本结构。流通功能是由与其相对应的流通活动组合而成的，主要可以分为所有权转移功能、物品转移功能与信息传递功能。实际上，流通功能的主要内容在某种程度上并不会发生太大的改变。随着经济发展和社会的不断进步，各项流通功能的重要性有可能在某一特定的时间段发生改变。例如，在交通和信息技术不发达、商品供给不足的年代，与其他流通功能相比，物品转移功能往往会更受重视。随着科技的发展，交通基础设施和通信技术实现了快速更新，物品转移功能的执行难度也随之降低。当生产规模进一步扩大并出现供过于求的时候，所有权转移功能的执行就会更受关注。进入网络零售时代后，消费者随时都可以通过互联网购买商品，在这种流通环境下，物品转移功能的执行可能会再次成为各类流通机构关注的焦点。在流通系统不断朝着信息化方向发展的过程中，信息传递功能的权重也在逐渐增加。具体而言，以往信息传递功能在流通系统中扮演的是配角。随着信息技术的发展，信息传递功能已经独立出来，并与所有权转移功能和物品转移功能承担着同样重要的任务。另外，在执行所有权转移、物流和信息传递这三项核心流通功能的同时，金融与风险承担等辅助功能也是不可忽视的。

需要注意的是，各项流通功能并不是由一群性质相似的流通活动组合而成的，而是一系列具有相同目的的流通活动的集合。由此看来，同一项流通活动有可能在不同场景下被划分到不同类别的流通功能中去。例如，生产企业和商业企业会组织广告宣传和现场推销等促销活动来转移商品的所有权，而促销的本质是把商品的信息传递给消费者，所以促销的目的既可以是所有权转移，又可以是信息传递。另外，保护商品的包装活动是物品转移功能的一部分，而通过在包装的颜色和设计上下功夫可以向消费者传递更多的商品信息，并有助于所有权的转移。

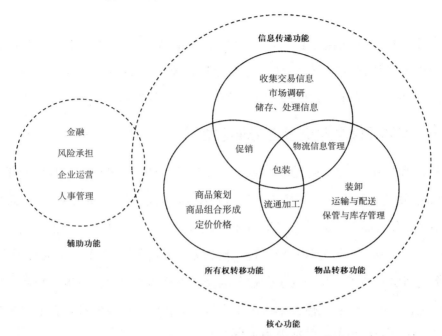

图3-6　流通功能的基本结构

第四节　实体零售流通功能

实体零售企业是流通机构的典型代表，本节主要讨论实体零售企业执行流通功能的具体样式，明确实体零售企业执行流通功能的结果，即"流通产出"的概念，并基于现有研究梳理实体零售流通功能的结构。

一、实体零售企业执行的流通功能

开展销售用于个人和家庭消费的商品（包括向私人经营的农、林、渔业者销售商品）、销售并修理同类商品（只经营修理业务的话则被视为服务业）、现场制作并销售商品、面向个人消费者进行无店铺销售、面向企业用户小批量销售商品（这是一个例外定义，因为"小批量"这一概念无法界定）等业务的行为被称为零售，而向最终消费者销售商品作为主营业务的企业被称为零售企业或者零售商。需要注意的是，零售的经营主体并不仅限于零售企业，生产企业和批发企业向最终消费者销售商品的行为也可以被视为零售。

零售企业作为流通系统的一分子自然也承担了部分流通功能，但是并没有严格规定具体应该承担流通功能的哪一部分。对于实体零售企业本身而言，由于所处的境况和企业经营资源不尽相同，流通功能的执行样式多种多样也在情理之中。实体零售企业必须根据自身的经营战略来选择自己所要执行的流通功能。换言之，各类实体零售企业所执行的流通功能并不完全一样。另外，实体零售企业除了执行流通功能之外，还可以执行生产功能、金融与风险承担功能、企业管理功能及社会功能等。

表3-14总结了实体零售企业执行的流通功能及与之相对应的流通活动。实体零售企业作为流通系统内的一种流通机构，执行着所有权转移功能、物品转移功能及信息传递功能。值得注意的是，这里把授信销售列入了所有权转移功能。具体而言，实体零售企业为了促进商品销售，可以通过向消费者提供赊销服务的方式来解决消费者购买商品的资金短缺问题。另外，由实体零售企业组织的经营和管理等各项流通活动通常被视为确保流通功能顺利执行的辅助功能。

表 3-14　实体零售企业执行的流通功能及与之相对应的流通活动

流通功能	流通活动		流通活动的内容
所有权转移功能	商品组合形成		· 确定销售的商品 · 研讨商品组合的广度与深度
	供应商筛选		· 从批发企业采购 · 从生产企业采购
	订货		· 以适当的频率订购适当的数量 · 防止出现缺货
	支付货款		· 用现金支付 · 用票据支付
	设定价格		· 综合考虑进货成本、毛利、销量、同行竞争等因素来制定价格
	收款		· 现金 · 授信销售
物品转移功能	收货		· 检验并接收供应商交付的货物
	保管与店铺内外移动		· 在规定的保管场所保管商品 · 在适当的时候将商品移动至店铺 · 拆开运输包装
	贴价格标签		· 给各类商品贴上价格标签
	陈列		· 将商品分类 · 借助辅助工具陈列商品
	包装		· 保护售出的商品
	配送		· 把商品送到消费者手中
	流通加工		· 轻度切割、组装、喷漆、烹饪等
信息传递功能	向消费者传递信息	促销	· 向消费者传递有关商品和企业的信息 · 商品的展示 · 面对面销售 · 广告 · 店铺装饰 · 包装纸
		消费者调查	· 收集消费者对商品的需求
	向供应商传递信息	收集有关采购商品的信息并订货	· 收集更加全面的供应商信息 · 向供应商传递订货信息
		传递关于消费者的信息	· 将消费者对商品的需求传递给供应商
企业维护和管理	资金筹措		· 从企业内外筹措资金 · 决定资金的用途
	店铺运维		· 布局 · 自建或租赁 · 附属品的配置 · 内外装饰、照明 · 日常维护
	从业人员招聘培训、岗位编制、组织活动		· 培训职员 · 形成组织
	采购办公耗材		· 购买各类经营所需物资
	战略规划与管理		· 掌握和预测经营环境 · 制定相应的经营战略

结合实体零售的发展实际，店铺运营、选址及小批量分销活动作为实体零售企业特有的流通活动也可以被归为所有权转移功能。而实体零售企业组织的保护消费者活动（发生灾害时的救护、设置防盗和防灾设备）及突发故障应对活动（索赔应对、商品故障时的应对）则可以被归为风险承担功能。此外，实体零售企业特有的商品陈列活动虽然可归为物品转移功能，但它同时也执行着所有权转移功能及信息传递功能。

上述流通功能的执行主体基本上是实体零售企业，但商品的搬运和流通加工等流通活动有时也需要委托生产企业、批发企业或者专业化的物流企业来组织。

二、实体零售企业执行的社会功能

就像零售企业既是流通系统的组成部分又是社会系统的组成部分那样，一个机构可以成为多个系统的组成部分。实际上，大部分零售活动是在传统店铺内组织的。由于消费者更喜欢在离自己近的地方购买商品，因此实体零售企业更倾向于在消费者附近开设传统店铺。另外，实体零售企业在不同地区经营多家传统店铺的情况也很常见。传统的商业理论反复强调商业企业的本质功能是高效地填补生产企业与消费者之间存在的悬隔，这就导致在讨论实体零售企业流通功能的时候往往只关注所有权转移、物品转移和信息传递这三项核心功能。但实际在这三项核心流通功能的基础之上，还可以拓展更多的流通活动。

不难想象，实体零售企业与消费者的接触机会要远远高于生产企业和批发企业。正因如此，实体零售企业开设的传统店铺对于消费者而言，已经成为其日常生活不可或缺的一部分。如果从现实的维度去理解零售功能的话，那么导入实体零售企业社会功能的概念是十分有必要的。此外，实体零售企业所执行的社会功能可以分为面向消费者的社会功能和面向所在地的社会功能。

基于消费者的日常生活，实体零售企业的社会功能可以归纳为以下几个方面：①商品质量与商品组合，引进既能满足消费者需求又能丰富消费者生活的商品，而不是销售有害商品或残次商品；②信息传递，传递商品的基本信息和使用方法，避免出现销售人员一问三不知的情况；③选址，结合生活条件和商品特性，确保消费者能够在合适的地方购买到心仪的商品；④传统店铺及其他设施，应为消费者提供安全、舒适的购物环境；⑤配套服务，提供送货、退货、修理等服务；⑥价格，针对商品及附加服务制定合理的价格。

除了购物环境之外，实体零售企业还有必要向消费者提供各类综合性的生活场景信息。首先，实体零售企业可以根据消费者的购物习惯和生活习惯主动向他们提供个性化的信息。其次，实体零售企业还应该经常为消费者的个性化购买行为而营造社交化、娱乐化的购物场景。最后，消费者在传统店铺中购买到的不仅包括商品本身，还包括购物环境在内的一系列服务。

就实体零售企业为所在地区承担的社会功能而言，实体零售企业给所在地带来的经济效益主要表现为创造就业。另外，开设传统店铺的实体零售企业作为该地区的成员，还承担着推进街道建设的功能。具体表现为以下几个方面：①创造人气，传统店铺作为吸引消费者的重要场所，可以为所在地区带来人流量；②景观维护，开设各类个性化店铺可以创造更加具有吸引力的街道景观；③维持治安，实体零售企业在开设传统店铺的同时也起到帮助所在地区减少犯罪发生的作用；④传承发展地域文化，实体零售企业通常会对节日庆典等文化活动给予资金和人员上的支持；⑤防灾据点，在灾害发生时，实体零售企业可以通过向居民提供各类生活物资的方式为所在地的重建做出自己的贡献。由此看来，街道上的各类中小店铺、购物中心及由多个店铺汇总而成的商业集聚区与行政、交通、教育、医疗等机构一样，对所在地区形象的维护与塑造起到了举足轻重的作用。

三、实体零售企业的流通产出

实体零售企业不仅为消费者提供了商品，还为消费者提供了零售服务。消费者在购买商品时需要支付的费用可以分为商品本身的价格与消费者费用。消费者费用指的是消费者在执行流通功能过程中所发生的各类费用。消费者费用可以细分为交通费用、时间费用、体力费用和心理费用。具体而言，第一，消费者去传统店铺购物时，需要支出移动费（车费、油费）和停车费等交通费用。第二，消费者既可以通过电视等大众媒体和店铺橱窗来免费获取商品信息，又可以通过有偿的方式通过报纸和生活类杂志等处获取商品信息。第三，消费者前往店铺的时间及在店内停留的时间都包含在时间费用中。此外，消费者搜索店铺和商品的信息也需要花费大量时间。第四，前往店铺、在店铺内搜索商品或带回商品等活动都需要消耗一定的体力。为便于讨论，可以把这种体力疲劳统称为体力费用。第五，对消费者而言，店铺内拥挤、停车场混乱、照看儿童、噪声、与销售人员沟通、对商品质量安全的焦虑等会带来极大的心理疲劳。为便于讨论，可以把这种心理疲劳统称为心理费用。此外，消费者费用还可以包括配送费用、信息收集费用及储存商品的冰箱等设备费用。

虽然商品本身的价格是相对固定的，但实体零售企业可以通过为消费者提供零售服务来降低消费者费用。例如，实体零售企业可以通过在消费者附近开设店铺来降低消费者的交通费用。还有一部分消费者认为在琳琅满目的商品中搜索自己想要的商品，是扩大见闻的好机会，所以他们会将时间费用理解为一项理所当然的支出而不是额外负担。

田村正紀（2001）指出："零售服务可以看作从消费者的角度来理解的流通系统产出。而流通产出的概念也让我们对流通系统有了一个更加清晰的印象。"实体零售企业的流通产出决定了零售服务的水平。也就是说，实体零售企业可以通过执行实体零售流通功能来实现流通产出，其根本目的就是为消费者提供零售服务以降低消费者费用。

对于实体零售企业的流通产出，不同学者的见解各不相同。Alderson（1957）把实体零售企业的流通产出分为本质流通产出和附属流通产出。其中，本质流通产出是基于商品组合形成的，主要包括对商品的分类、集中、分配、整合等一系列的流通活动；附属流通产出是与商品的有效使用相关的一系列流通服务。

Bucklin（1966）认为实体零售企业的流通产出涉及四个维度，分别是批量大小、市场分散化、配送和等待时间及商品组合的广度。第一，为了方便消费者购买，要尽量将商品拆分到更小的单位。第二，在区域内要尽可能地让店铺分散，以确保商品销售范围的最大化。第三，缩短消费者从下单到收货的等待时间。第四，根据消费者需求将不同种类的商品整合到一起。铃木安昭和田村正纪（1980）以 Bucklin 的分类为基础，阐释了生产企业与消费者之间的悬隔同流通产出的对应关系。批量大小对应所有权的悬隔，市场分散化对应空间的悬隔，配送和等待时间对应时间的悬隔，商品组合的广度对应信息的悬隔。需要注意的是，这四种悬隔与流通产出的对应关系并不一定是一对一的。例如，当消费者在同一个地方购买到所有商品时，便可以大幅缩短购物的移动距离。也就是说，商品组合的广度不仅对应着信息的悬隔，还对应着空间的悬隔。

表 3–15 展示了田村正纪（2001）提出的流通产出分类。他在 Bucklin（1966）的流通产出分类中增加了趣味性这一维度，并指出消费者不仅可以通过购物获得商品，还可以在购物的过程中获得一定的乐趣。趣味性由商品展示、店铺装修、店员形象、会场、休息区、餐饮娱乐设施、举办各种活动、客户管理及整体氛围等构成，该项流通产出与填补价值悬隔密切相关。

表 3–15　田村正纪提出的流通产出分类

流通产出维度	内容
市场分散化	在某一特定区域内设置的交易场所数量及分散程度
配送和等待时间	消费者从下单到收货所要花费的等待时间
商品组合的广度	某一特定流通机构内整合的不同类型的商品数量
批量大小	商品的销售单位
趣味性	购物场所为消费者提供的乐趣

表 3–16 展示了铃木安昭（2010）提出的流通产出分类。他将实体零售企业的流通产出分为商品质量与商品组合、传递的信息、选址与营业时间、店铺与附属设施、配套服务及合理的价格，并基于田村正纪（2001）做了四点补充：第一，不可以向消费者提供有可能带来伤害的商品或残次商品；第二，传递的信息内容也从仅与商品本身有关的信息扩展到售后服务、现场说明等多个维度；第三，除了店铺的选址，便利的营业时间也是实体零售企业流通产出的重要组成部分；第四，实体零售企业在向消费者提供商品与零售服务时必须确保一个合理的定价。此外，为了能够稳定地向消费者提供商品，防止发生缺货或库存过剩而组织的一系列的库存管理活动也是必不可少的。

表 3-16 铃木安昭提出的对流通产出的分类

流通产出维度	内容
商品质量与商品组合	不向消费者销售有害商品、缺陷商品等容易造成损失的商品 在满足消费者基本需求的基础之上，为消费者提供使其生活更加美好的商品
传递的信息	在消费者进行商品选择时为消费者提供有效的信息 对商品的介绍既不会过于夸大，也不会一知半解
选址与营业时间	基于消费者的生活条件及商品的特性，尽可能满足消费者的便捷购买需求
店铺与附属设施	提供安全舒适的购物环境
配套服务	根据消费者的生活条件及商品的特性提供支付、包装、配送、退货、保养及维修等服务
合理的价格	基于商品与附加的零售服务制定合理的价格

四、小结

实体零售流通功能主要由本质流通功能、社会功能和辅助功能构成。其中，本质流通功能指的是所有权转移功能、物品转移功能和信息传递功能。需要注意的是，开设传统店铺是讨论实体零售流通功能的前提。在讨论流通功能这个概念的时候，除了实体零售企业组织的流通活动以外，通常还包括批发企业和辅助企业组织的流通活动。本节重点关注实体零售企业组织的流通活动，即实体零售流通功能。

图 3-7 展示了实体零售流通功能的结构。与其他流通机构执行的流通功能结构相比，实体零售流通功能结构具有以下特点：第一，因为开设了传统店铺，所以趣味性、景观维护、地域文化传承等社会功能是实体零售企业特有的流通活动。第二，同样因为开设了传统店铺，所以实体零售企业与消费者之间的商流、物流、信息流通常是在店铺内产生的。第三，在其他流通机构执行的流通功能中，组织商品组合形成是为了转移商品的所有权，人们通常会将注意力集中到商业企业的购买活动上来。实体零售企业可以通过在店铺内组织商品组合形成活动来向消费者传递商品信息。第四，选址是实体零售企业特有的流通活动。要想实现商品所有权的转移，选择一个有优势的店铺位置至关重要，通常在显眼的地方开设店铺会便于向更多的消费者传递信息。第五，要想在有限的店铺空间内展示更多的商品，实体零售企业就必须组织高效的陈列活动。与此同时，通过陈列还可以达到向消费者传递商品信

息的目的。第六，为了防止缺货或者库存过剩，高效地组织订货和仓储活动对实体零售企业而言也是一门必修课。需要注意的是，许多实体零售企业并不直接组织运输活动，而是将这项流通活动外包给批发企业或专业化的物流企业。

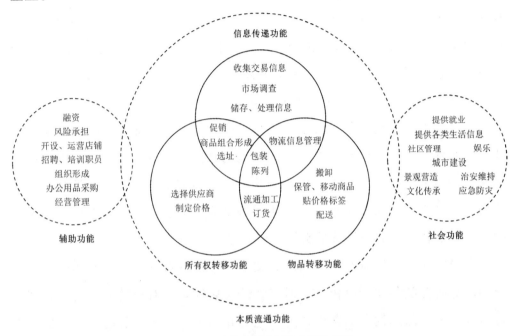

图3-7　实体零售流通功能的结构

对流通功能的讨论，通常是围绕填补生产企业与消费者之间悬隔的流通流及与之相对应的流通活动展开的。而实体零售流通功能的概念就是对开设传统店铺的实体零售企业所执行的流通功能内容的进一步说明。具体而言，实体零售企业可以通过执行实体零售流通功能来实现流通产出。而流通产出又决定了实体零售企业的零售服务，并直接影响消费者费用的多少。因此，在同一商圈内开设传统店铺的实体零售企业要想保持竞争优势，就必须提供高水准的流通服务。需要注意的是，各个实体零售企业会结合自身的经营资源，通过执行全部或部分流通功能的方式来开展零售业务。

第五节　现有研究的局限性与问题导向

本章对流通功能的相关研究进行了全面回顾，从流通系统中的流通机构与具体的实体零售企业两个角度分析了流通功能的结构。经济的快速发展带来了社会分工，并导致生产企业与消费者之间产生了所有权悬隔、时间悬隔、空间悬隔、信息悬隔、价值悬隔等。为了填补这些悬隔，流通机构需要执行所有权转移功能、物品转移功能、信息传递功能等一系列的流通功能。

流通功能并不是由某一特定的流通机构来执行的，而是由批发企业、实体零售企业、专业化的物流企业等流通机构共同分担的。其中，实体零售企业是与消费者直接接触的流通机构，并扮演了匹配生产企业、批发企业的供给与消费者需求的重要角色。而实体零售企业在促进供给与需求相匹配过程中所执行的各项流通功能就是实体零售流通功能。

在研究实体零售流通功能的现有文献中并没有对不同业态的实体零售流通功能进行分类与比较分析，同时默认传统店铺是所有权转移的场所，需通过店铺内的商品陈列向消费者传递信息并在店铺内完成商品的交付。也就是说，实体零售企业与消费者之间的所有权转移、物流、信息传递都是在店铺内完成的，在讨论实体零售企业提供的零售服务及流通产出的时候都是以开设传统店铺为前提的。

在传统店铺购物的消费者的出行范围和购物范围是相对固定的。一般而言，消费者可以步行或骑自行车到附近的超市或便利店购买食品、生活杂货等便利品，也可以乘坐公共交通或驾驶私家车到市中心的百货商店或郊外的大型专卖店购买家电、服装等选购品。然而，随着互联网的普及和交通工具的发展，网络零售企业与消费者之间存在的悬隔有一部分被放大，也有一部分被缩小了。例如，通过网络零售，消费者可以搜索到海外的商品信息并在线直接购买。此时，网络零售企业与消费者之间的空间悬隔要远远大于在国内市场中销售的商品，但二者之间的信息悬隔却又被拉近。网络零售企业与实体零售企业一样，要想有效填补生产企业与消费者之间的各种悬隔，就必须执行所有权转移、物品转移、信息传递等流通功能。但各项流通功能的组成及执行样式将会发生较大变化，主要体现在以下三方面。

（1）所有权转移功能方面

开设传统店铺的实体零售企业只能向商圈内的消费者销售商品。当然，根据实体零售企业的店铺规模和商品组合的不同，商圈的范围也各不相同。而网络零售企业不需要开设传统店铺，自然也就不存在任何商圈的限制。在理想状态下，网络零售企业可以面向全世界的消费者销售商品。需要注意的是，在销售对象扩大的同时，网络零售企业的竞争对手也同样扩展到全球范围。[1] 在网络零售世界中，整个地球就是一个巨大的商圈。当进展顺利的时候，网络零售企业有可能在短时间内获利甚至垄断市场，而当出现问题的时候也有可能很快就被无数实力强劲的竞争对手迅速反超。与实体零售企业相比，网络零售企业在执行所有权转移这一核心流通功能时既有显著优势，又存在一定劣势。

（2）物品转移功能方面

许多开设传统店铺的零售企业致力于商品的库存管理、店铺内移动和陈列，而将运输活动外包给批发企业或专业化物流企业。消费者通常会采取到店购买的方式并自行将商品带回。网络零售企业则需要将分散在各地的消费者所订购的商品分别用纸箱进行单独包装，并在尽可能短的时间内配送到消费者手中。对网络零售企业而言，如何对多品种、小批量且多目的地的商品进行库存管理并将它们安全配送到消费手中是一个巨大的挑战。

（3）信息传递功能方面

由于无须开设传统店铺，网络零售企业不可能通过实物展示将商品信息传递给消费者。另外，虽然消费者可以在网站上搜索到更多的商品信息，但由于无法触摸到商品实物，在对商品的功能和质量感到不安的同时，感知风险也会大大提高。因此，网络零售企业在组织向消费者传递商品信息的流通活动及从消费者那里收集并处理市场信息的流通活动等方面与实体零售企业存在较大差异。

---

[1] 指没有语言障碍的理想状况。

综上所述，在网络零售中，流通功能的执行场所并不固定在某一传统店铺内，而是分散在各处。需要注意的是，现有的绝大多数对实体零售企业流通产出的研究是以传统店铺的存在为前提展开的。具体而言，传统店铺所提供的商品组合、购物氛围、销售人员的服务态度及对商品的专业知识、使用建议、包装、维修、选址等服务可以大大削减消费者费用。另外，网络零售企业虽然未开设传统店铺，但是依然取得了巨大成功。为了明确网络零售中各项流通功能的执行样式，还需要分析网络零售中消费者费用的结构与实体零售中的是否相同。如果存在不同，那么网络零售企业想要降低消费者费用的话应该提供怎样的流通产出，又该组织怎样的流通活动来实现这些流通产出。

第四章　实体零售的商品组合形成

本书在第三章明确了实体零售企业执行的实体零售流通功能。在各类流通活动中，商品组合的形成对实体零售企业而言是至关重要的。当实体零售企业进入零售市场的时候，最重要的就是决定好具体要销售哪些商品。本章围绕现有的实体零售商品组合形成的理论，明确消费者商品组合、商业企业商品组合、商业集聚商品组合等概念，并讨论实体零售企业通过实物展示所形成商品组合的范围与特点。

第一节　商品组合及其形成

本节在明确商品组合与商品组合形成这两个概念的同时，讨论商业企业是如何通过形成商品组合的方式来节约流通费用的。

一、消费者商品组合

商品组合的概念由 Alderson（1957）[1] 提出。他从消费者的角度出发来讨论商品组合，认为商品组合是各种商品间的相互补充，或者两种及两种以上的商品作为一个整体来满足将来可能发生的某种需求，并强调零售企业、批发企业及生产企业手中的货物并不能被叫作商品组合。另外，Alderson 还将形成消费者商品组合的流通活动范围扩展到制造环节。他把对消费者而言没有实际使用意义的商品集合物组建成具有实际使用意义的商品组合的过程称为"整合"。

图 4-1 展示了整合与消费者商品组合的形成过程，其基本路径主要包括形态赋予、适应调整、商品组合形成。形态赋予指的是使商品集合物变为符合特定使用需求的生产活动。适应调整是指按照消费者个人需求或者特定使

---

[1] 奥尔德逊（Wroe Alderson），20 世纪 50 年代美国最伟大的市场营销理论家，营销功能主义学派的创始人，代表作有《市场营销行动与经营行为》。

用场景对形态赋予后的商品集合物进行调整。因此，适应调整也可以看作生产活动的一部分。商品组合形成并不改变商品的形态，而是通过对不同商品进行组合来满足消费者的具体需求。通常情况下这类流通活动多由批发企业及零售企业等商业企业来组织。

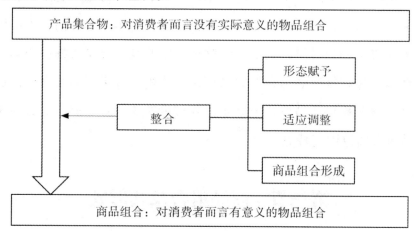

图4-1　整合与消费者商品组合的形成过程

二、商业企业商品组合

石原武政（2000）指出，"应该把商品组合的概念从只关注消费者使用的视角扩展到关注如何满足消费者需求的视角"。换言之，商品组合的概念也可以应用于零售企业或者批发企业等商业企业。图4-2展示了消费者商品组合与商业企业商品组合的关系。其中，在消费阶段形成的商品组合被称为消费者商品组合或最终商品组合，而在批发和零售这样的流通阶段形成的商品组合被称为商业企业商品组合或中间商品组合。从宏观角度来看，可将在生产企业和消费者之间由各类流通机构形成的商品组合之和称为"社会商品组合"。从微观角度来看，可将由某一零售企业或批发企业等个别商业企业形成的商品组合称为"个别商品组合"。

三、商品组合形成

商业的基本职能就是将尽可能多的生产企业的商品销售到更多的地方，即形成社会商品组合。形成社会商品组合的过程主要包含四项基本流通活动

（表4-1），即分拣、分配、集聚与配货。分拣是把由不同类别商品组成的大批量商品组合分割成由同种商品组成的小批量商品组合的过程；分配是把由同类别商品组成的大批量商品组合分割成若干个小批量商品组合的过程；集聚是把几个小批量的同类别商品汇集成专业性的大批量商品组合的过程；配货是把几个小批量的不同类别商品汇集成综合性的大批量商品组合的过程。其中，最受商业企业重视的是配货，而其他活动则可以看作配货的前期准备工作。

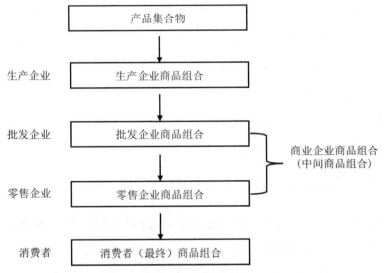

图4-2 消费者商品组合与商业企业商品组合的关系
（资料来源：铃木安昭，田村正纪．商業論 [M]．東京：有斐閣，1980：68）

表 4-1 商品组合形成活动

操作对象	操作方法	
	收集型（小批量→大批量）	分散型（大批量→小批量）
不同类别的商品	配货	分拣
同类别商品	集聚	分配

分析商业企业商品组合的基本维度就是其广度和深度。商品组合的广度指的是商品类别的数量，商品组合的深度指的是同一类别商品中具体品种的数量。如果能从这两个维度确定商品的在库数量的话，那么基本就可以掌握商业企业的商品组合构成。表4-2展示了商业企业商品组合的基本性质。商业企业可以通过从不同的生产企业那里采购不同类别的商品来形成广品类商品组合，也可以通过从不同生产企业那里采购相同类别的商品来形成深品类

商品组合。另外，商业企业还可以通过从少数生产企业乃至单一生产企业那里采购不同类别的商品来形成窄品类的商品组合，又或者通过从少数生产企业乃至单一生产企业那里采购相同类别商品来形成浅品类商品组合。

表4-2　商业企业商品组合的基本性质

商品类别	生产企业数	
	少数	多数
不同类别的商品	窄	广
同类别商品	浅	深

绝大多数商业企业希望在有限的物理空间内汇集更多生产企业的不同类别商品，并以此扩大商品组合的广度。例如，满足消费者一站式购买需求的百货商店、综合超市等商业企业是该类商业企业的典型代表。同时，也有很多商业企业会从不同的生产企业那里采购相同类别的商品来扩大商品组合的深度。例如，以各种规格的电视机、电冰箱等家电为中心而形成商品组合的家用电器量贩店就属于该类型商业企业。

四、商业企业商品组合与流通费用

图4-3展示了社会商品组合形成带来的流通费用节约。商业的存在意义就在于实现交易数量的经济性、多点连接的经济性及信息缩减与整合的经济性。其中，交易数量的经济性指的是商业企业通过组织专业化的交易活动来扩大交易量。这样一来，与生产企业和消费者相比，商业企业可以在交易费用上获得明显优势。规模经济指的是通过增加同类商品的交易量而降低交易费用，范围经济指的是在不同种类商品的交易过程中使用相同经营资源而降低交易费用。此外，在社会商品组合形成过程中实现的多点连接经济性同样可以降低交易费用。

本小节以信息缩减与整合的经济性为中心讨论商业企业的商品组合形成。所谓信息缩减与整合的经济性指的是商业企业在形成商品组合的过程中缩减生产企业与消费者之间的交易信息总量，并对它们进行整合，从而促进交易的发生。其中，生产企业的信息缩减主要指商业企业可以通过展示商品组合实物的方式来为消费者提供多个生产企业的商品信息并实现信息间的比较。消费者的信息缩减主要指商业企业的商品组合是基于消费者的购买偏好而形成的，所以它可以反映消费者的实际需求信息。在此基础上，商业企业负责对缩减后的供给信息与需求信息进行整合，生产企业之间的差异化供给与消费者之间的差异化需求进行匹配的活动称为质的整合，而将促进生产企业与消费者对商品的价格、数量达成共识的活动称为量的整合。商业企业发挥的信息缩减与整合经济性可以为生产企业和消费者节省一大笔交易费用。

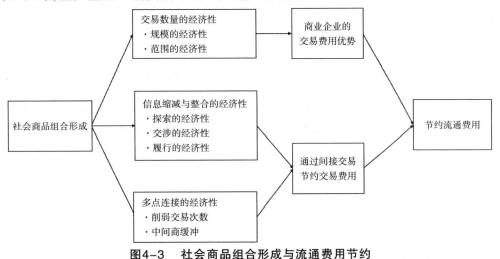

图4-3　社会商品组合形成与流通费用节约
（资料来源：田村正纪.流通原理[M].東京：千倉書房,2001：69）

与直接交易相比，商业企业通过商品组合形成所带来的间接交易可以降低交易费用并提高交易效率。而交易的过程则可以细分为探索交易对象、交涉交易条件及履行交易合同。

探索的经济性指的是通过商业企业的介入可以帮助生产企业与消费者节约通信费、交通费、探索时间等探索费用。商业企业可以在店铺内以实物展示的方式将多个生产企业的商品信息传递给消费者，从而让消费者的信息搜索活动变得更为高效。同理，生产企业在与商业企业接触后也可以获取更多的消费者信息。

交涉的经济性指的是商业企业不仅是一种微型市场，而且可以成为商品质量的保证者。具体而言，商业企业可以将生产企业的交易信息与消费者的交易信息汇总到组织内部并形成商品组合。与直接交易相比，商业企业的介入会让生产企业与消费者之间的价格探索活动更加顺畅，交易费用更加低廉。另外，商业企业的介入可以让品质探索活动变得更加容易。商业企业在形成各式各样商品组合的同时，还可以收集消费者对各生产企业的评价信息，并在此基础上对现有商品组合进行动态调整。从这个角度来说，商业企业可以被看作商品质量的保证者。与直接交易相比，商业企业的介入会让消费者的品质探索活动变得更为高效。

履行的经济性指的是商业企业可以通过商品组合的形成来积累可以提高物流效率的信息与知识。当这些信息与知识得到充分利用的时候便可以降低交易过程中的物流费用。

商业企业是通过实物展示的方式向消费者传递商品信息的，所以必须执行风险承担功能。因此，由商业企业的商品组合形成带来的信息缩减与整合的经济性通常会受到店铺面积及商品陈列布局等物理空间的限制。

第二节　微观的商品组合形成

在现实中，商业的繁荣并不是仅靠某一个庞大的商业企业来实现的。无论是从空间、发展阶段还是从行业类别来看，商业的繁荣都是由众多商业企业通过协作来共同实现的。

一、市场的空间分散性

消费者是分散在全国各地的。商业企业不仅需要组织信息的获取与处理等流通活动，还需要为生产企业及消费者弥补各自在地理位置上的不便。这样一来，商业企业实际上就变成了生产企业的代理人，并代替它们接近消费者。也就是说，向消费者提供商品组合的商业企业同样需要处于一种分散的状态。此外，因为消费者的购物范围是局限在一定的空间内的，所以商业企业的竞争范围主要由消费者的移动范围来决定。虽然商品性质及消费者的移动方式各不相同，但通常可以把这种范围相对较小的市场称为"空间小市场"（图4-4）。根据不同的商品特性，消费者的空间小市场的范围也不尽相同。通常情况下，便利品的空间小市场相对较小，而选购品的空间小市场则相对较大。消费者的空间小市场实际上就是商业企业眼中的"商圈"。销售选购品的商业企业所属商圈内往往存在多家销售便利品的商业企业。从这个意义上来说，能够节约流通费用的商品组合形成并不是由某一个巨大的商业企业独自实现的，而是由众多分散且具有社会性的商业企业共同完成的。

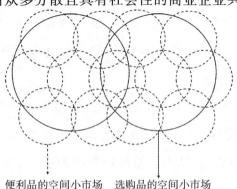

便利品的空间小市场　　选购品的空间小市场

图4-4　空间小市场

（资料来源：西島博樹. 分散的集中としての商業：売買集中の原理再考 [J]. 佐賀大学経済論集, 2012,45(1):143）

二、实体零售企业的商品组合形成

对于实体零售企业而言，在竞争激烈的流通领域决定销售怎样的商品或者说如何进行商品组合是至关重要的一个环节。商业企业在形成个别商品组合的过程中需要拥有商品的所有权并承担相应的风险。因此，商业企业并不会无条件地将所有生产企业的商品都加入自己的商品组合，而是需要考虑怎样的商品组合会受到消费者的欢迎并且能够被顺利销售出去。具体而言，每个实体零售企业都不会事先明确自己要形成怎样的个别商品组合，也不知道应该承担社会商品组合的哪个部分。因为各类实体零售企业所处的地理位置和商业环境不尽相同，所以实体零售企业在形成个别商品组合时有很大的自由发挥空间。另外，大多数实体零售企业无法准确地掌握消费者的真实需求，也不能事先确认商品间的替代性与互补性程度。实际上，许多实体零售企业基于不确定的消费者需求及不完全的信息，从主观上形成了自己的个别商品组合，这同时也造成了实体零售企业商品组合的多样性。

（一）市场画像与商品组合形成

实体零售企业形成什么样的个别商品组合往往依赖于所处商圈内的消费者需求，但实际上绝大多数实体零售企业无法准确地提前掌握自己所处商圈内消费者的需求。因此，"个别商品组合的形成是由市场需求条件决定的"这一命题并没有太大的实际意义。然而，实体零售企业大致可以了解商圈内的消费者最为强烈的购买意愿及经常购买的商品品类，这些足以让实体零售企业构建一个预估性的市场形象，即市场画像。实体零售企业可以对照这个市场画像从生产企业或者批发企业那里采购商品并形成自己的个别商品组合。

需要注意的是，实体零售企业的个别商品组合并不是固定不变的，而是动态更新的。实体零售企业在观察消费者购物动态的基础上一边补充畅销商品，一边排除滞销商品，在不断调整市场画像的过程中更新商品组合。

（二）处理技术与商品组合形成

实体零售企业要想销售某类商品的话，就必须对商品本身及其使用和销售方法有充分的认知。通常把掌握与商品有关的知识、信息、处理方法、设备使用等技能称为商品的处理技术。

根据处理技术的不同而对商品组合进行划分，可形成一个个不同的行业。当讨论社会性商品组合形成和个别商品组合形成的效率性时，通常需要细化到某一个具体的行业。具体而言，不同特性的商品需要用到的商品知识、设备、处理技术各不相同，因此任何一个实体零售企业可以销售的商品范围都是有限的。而大量销售物理特性相近的商品又可以帮助实体零售企业实现专业化经济与规模经济。

（三）购买行为与商品组合形成

从消费者的购买行为来看，实体零售企业的商品组合形成应该有一定规律，这样可以确保消费者在店铺内快速发现自己需要的商品，这一观点也是传统商业论的核心论点。

消费者的购买行为通常具有分步搜索和关联购买两大特征。由于消费者是遵照某一规律分步搜索所需商品，所以实体零售企业必须能够满足这一要求。也就是说，实体零售企业需要扮演一个编码分类员的角色。这样一来，消费者可以事先对哪家店铺销售怎样的商品有一个预判。例如，消费者并不会期待能够在连锁电器商店里买到衣服、运动鞋或者肉制品，而是期待能够在里边挑选到各式各样的电器商品。从这个意义上来说，实体零售企业形成的个别商品组合帮助消费者完成了搜索工作的第一步。

另外，通常消费者并不会仅对某一件商品产生需求，而是需要一系列可以搭配使用的商品组合。从节约在传统店铺内发生的搜索时间和搜索费用的角度出发，将需要搭配使用的商品及购买机会相似的商品陈列在一起的话可以显著提高销售的成功率。因此，实体零售企业在力所能及的范围内，倾向于形成便于消费者进行关联购买的商品组合。

（四）自我目的导向与商品组合形成

以经济利益为导向的实体零售企业主要通过积极参与同类竞争的形式为消费者提供丰富的商品组合，并根据商品的需求量实施动态调整。当实体零售企业将一类新商品加入现有商品组合时，如果销量没有达到预期的话便会考虑更换其他品类的商品。

实体零售企业可以自我目的为导向，并形成个性化的商品组合。即使是需求量较小的小众商品，只要与实体零售企业经营者的兴趣爱好一致，那么就有可能长期存在于商品组合列表中。一方面，这为消费者提供了更多选择商品的机会；另一方面，从长远的角度来看，即使是小众商品也有可能随着时间的推移而被消费者逐渐认知并实现需求量的扩大。

实际上，由于以自我目的为导向而形成的商品组合在有限商圈内的需求量往往是十分有限的，因此从经济性的角度来看，该类实体零售企业要想持续生存下去也面临着不小的挑战。

图4-5展示了实体零售企业的商品组合形成。通常情况下，实体零售企业会根据特定地域或者特定圈层消费者的购买行为将消费者商品组合（需求）形象地描绘成市场画像，然后根据这个市场画像选择商品品类并形成自己的商品组合，这种情况被称为基于消费者购买行为的商品组合形成。近年来，一些实体零售企业通过直接观察消费者的生活场景来形成自己的商品组合，这种情况被称为基于消费者消费行为的商品组合形成。例如，无印良品从消费者浴室的照片中观察到，在狭小空间内洗发水、沐浴露、洁面乳等的颜色和容器形状各不相同且经常散乱摆放。通过对观察到的信息进行分析，无印良品尝试使用能够看清残留量且即使从高处掉落也不容易摔碎的新材料，开发出即使放在狭窄的空间内也很容易整理的替换瓶。就这样，一个可以解决消费者使用痛点的全新商品系列由此诞生。实体零售企业不仅可以根据消费者的购买行为来调整现有商品组合的数量和类别，还可以根据消费者的消费行为来开发消费者自身都没有充分意识到的全新商品。

然而，在很多时候消费者对自己需要什么样的商品并没有一个明确的概念。通常情况下，消费者可能会先确立一个模糊的商品类别抑或商品的某种特殊属性，只有在见到商品实物的那一刻才有可能真正唤起对该商品的购买欲望。对于消费者而言，实体零售企业的商品组合起到了刺激购买欲望、创造购买需求的作用。从另一个角度来看，消费者只能从实体零售企业形成的既有商品组合中获取满足消费需求或者刺激购买欲望的商品。

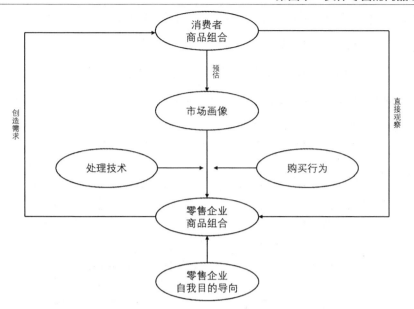

图4-5　实体零售企业的商品组合形成

　　综上所述，消费者在实体零售店铺中选购商品时往往处于一种被动接收商品信息的状态。此外，由于实体零售企业的商品组合是通过实物展示的方式来形成的，考虑到节省交通费用等因素，消费者所能获取的商品组合信息实际上也仅限于某一个相对固定的空间小市场范围内。

三、商业集聚的商品组合形成

　　受限于商品处理技术，所属不同行业的实体零售企业只能选择性质接近的商品来开展零售业务，这也就意味着每一家实体零售企业可以提供的商品组合范围都是有限的。然而消费者的购买需求又是多种多样的，商业集聚的出现可以很好地化解这一矛盾。如果把商业集聚看作一个整体的话，那么就可以把商业集聚内汇集的所有商品称为商业集聚商品组合。即使个别实体零售企业受限于商品处理技术而形成的个别商品组合无法满足消费者的全部购买需求，由多个不同行业的个别商品组合集合而成的商业集聚商品组合则可以满足绝大部分消费者的分步搜索与关联购买行为。也就是说，商业集聚是形成社会商品组合的有效途径。

　　图 4-6 展示了实体零售中的个别商品组合与商业集聚商品组合之间的关系。首先，商业集聚内所属不同行业的实体零售企业凭借品类互补保持着相

互依存的关系。另外，由于同一行业内各实体零售企业的能力有限，任何一家企业都无法做到在店铺内陈列所有商品。此时，实体零售企业可以将自己未销售的商品与同行的在售商品建立依存关系。这样一来，各个实体零售企业并不需要花费过多的精力去满足所有消费者的购买需求，而是尽可能地去形成差异化的个别商品组合。

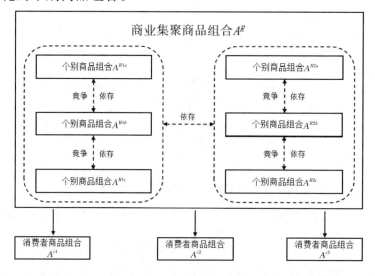

$$A^R = (A^{R1}, A^{R2}, A^{R3}, \cdots, A^{Rn})$$

图4-6   个别商品组合与商业集聚商品组合之间的关系

然而，商业集聚中同属一个行业的零售企业在面对空间小市场内具有相似需求的消费者时产生的竞争关系也是无法避免的。这种竞争关系不仅可以促进商业集聚内的实体零售企业形成新的商品组合，还有可能激发出更多具有创造性的消费需求（消费者商品组合）。从这个意义上来说，商业集聚才是承担社会商品组合形成的最佳人选。

值得强调的是，在理解实体零售企业商品组合的时候，有两个注意点：一是实体零售企业是通过实物展示的方式向消费者传递商品信息的；二是为了削减交通费用和搜索商品的费用，通常情况下消费者会一次性购买多种相互关联的商品并自行将它们带回。

四、实体零售企业的商品组合范围

商业可以通过形成社会商品组合来节约流通费用，而各实体零售企业通过形成个别商品组合承担了社会商品组合形成过程中的具体工作。大部分实体零售企业具有在有限的物理空间内尽可能形成丰富商品组合的倾向。

由于实体零售企业是通过实物展示的方式来向消费者传递商品信息的，因此要想丰富商品组合就必须增加店铺的面积。也就是说，实体零售企业的商品组合范围在很大程度上受到店铺面积这一物理空间的限制。与之相对应的就是实体零售店铺的大型化及商业集聚的不断扩张。例如，常见的百货商店、综合超市、大型购物中心、大城市中心的商业集聚等就是朝着这个方向发展的。

图4-7展示了实体零售企业的商品组合范围。从经济性的角度来看，实体零售企业需要在有限的物理空间内形成高效的商品组合。根据帕累托定律，80%的交易额是由20%的商品来贡献的。因此，实体零售企业往往会把更多的注意力集中在交易额比较高的商品上，同时摒弃那些需求量较小的小众商品。另外，除了那些开设中小店铺的实体零售企业之外，开设大型店铺的实体零售企业也开始出现摒弃销售小众商品的倾向。需要注意的是，实体零售企业的商品组合在商品类别（商品组合广度）上展现出集中化，即使同一类别的商品（商品组合深度）也开始出现向某些特定品种集中的趋势。近年来，许多大型书店多以陈列新书为主而逐渐摒弃传统专业书等的小众读物就是一个典型案例。

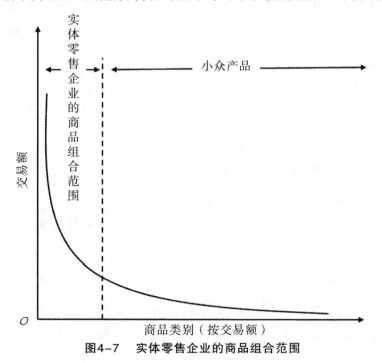

图4-7　实体零售企业的商品组合范围

第三节　现有研究的局限性与问题导向

现有的商品组合形成研究主要以开设传统店铺的实体零售企业为中心开展讨论。实体零售企业通常会在靠近消费者的地方开设店铺，并希望在有限的物理空间内为消费者提供尽可能丰富的商品组合。实体零售企业是通过实物展示的方式向消费者传递商品信息的，因为受到商品处理技术和物理空间等的限制，所以能够展示的商品类别数（广度）和品种数（深度）是有限的。一些大型实体零售企业通过扩大店铺面积形成了丰富的商品组合。例如，百货商店、综合超市等就属于这类情况。此外，各实体零售企业并不是单独存在的，而是与商业集聚内同行业或跨行业的商业企业相互协作，共同形成了商业集聚商品组合。与此同时，商业集聚内的商业企业为了满足商圈内的消费者需求会对自己的商品组合进行动态更新。

在实体零售中，常见的消费者购物流程是先到达实体店，然后开始收集商品信息。通常情况下，消费者会一次性买齐多种商品并自行将它们带回。为了向消费者提供更多的便利，实体零售企业通过在店铺内汇集各式各样商品实物的形式为消费者提供整合后的商品信息。换言之，实体零售企业的商品组合形成实际上是商品实物的集合。另外，由于传统店铺内的商品组合都是按照一定的关联性陈列的，因此当消费者到传统店铺购买商品时可以节约不少的交涉、搜索等流通费用。

网络零售的出现让零售企业无须再开设传统店铺，同时也消除了店铺面积、商圈等物理空间的限制。网络零售企业可以通过网站向全国乃至世界各地的消费者传递商品信息，而消费者的信息搜索内容也从实物转向了图文、视频等数字信息。由此看来，网络零售中的商品组合形成与实体零售相比发生了巨大变化。

网络零售网站上展示的商品信息与实物所在地之间并没有直接关系，多是由搜索系统通过算法整理、分类而成。商品信息的传递也并不是通过实物的汇集来实现的，而是被图文、视频等数字信息代替。具体而言，网络零售中商品组合的信息实物是相互独立的。

图 4-8 展示了网络零售中商品组合信息与实物的分离。无论是商人型网络零售企业，还是开店型网络零售企业，都无须集聚在繁华的商业街区。此外，网络零售企业还可以在不同的地点设置运营部门和物流部门。实体零售企业为了追求更多消费者的光顾，一般会选择到闹市区开设店铺。网络零售企业由于无须开设传统店铺，所以往往将物流部门设在交通较为便利的市郊地区。当消费者完成支付以后，网络零售企业会将商品从仓储地发送给消费者。此外，作为网络零售的一大特点，无论商品的实物在哪里，网络零售企业都可以通过网站将商品的数字信息传递给全国的消费者。值得注意的是，随着通信技术和智能手机等通信终端的普及，消费者不仅可以从网络零售企业提供的内容中搜索到商品组合的信息，消费者相互之间的信息交换也变得更为频繁。

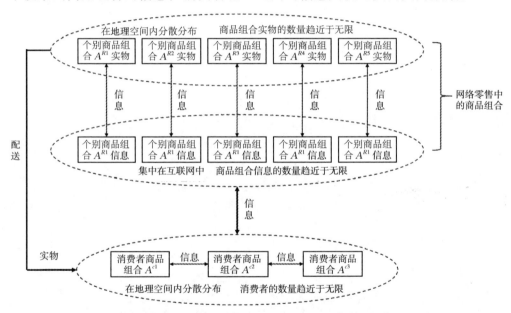

图4-8　网络零售中商品组合信息与实物的分离

近年来，消费者在电脑和智能手机等通信终端上可以搜索到比空间小市场内的传统店铺更为丰富的商品组合。实际上，大部分消费者对网络零售企业的认知并不是很深入，甚至认为网络零售就像是一个"什么都有的商店"，但网络零售并不是由某一个庞大的商业企业独自运行的。网络零售企业主要分为商人型网络零售企业和平台型网络零售企业两类，各类网络零售企业的商品组合形成样式也不尽相同。

像亚马逊这样的大型商人型网络零售企业主要通过运用先进信息处理技术及自建物流体系的方式开展网络零售业务，它的商品组合无论是在广度上还是在深度上都远远超过了综合超市等大型实体零售企业。但是，商人型网络零售企业的商品组合能扩展到什么程度，具体该形成怎样的商品组合等问题还有待进一步讨论。

平台型网络零售企业以收集和处理商品交易信息、消费者信息、开店者信息为中心开展网络零售业务。另外，因为平台型网络零售企业并不直接参与商品销售，所以也不会受到任何物流方面的限制。这类网络零售企业形成了怎样的商品组合，如何进一步扩展商品组合的数字信息等问题有待深入探究。

第五章　网络零售流通功能研究框架与研究方法

本章围绕无须开设传统店铺的网络零售企业讨论网络零售中的流通产出，并以此为基础，构建网络零售企业组织流通活动与执行流通功能的结构模型。

为了验证并细化网络零售流通功能的结构模型，本书选择京东和阿里巴巴两个具有代表性的网络零售企业作为研究对象，采用案例分析法讨论网络零售企业执行流通功能的具体样式。

第一节　研究框架

本书第三章明确了实体零售企业主要通过执行实体零售流通功能实现流通产出，并向消费者提供零售服务。迄今为止，无论是开展零售业务的零售企业还是研究零售理论的学者，在讨论零售业时都默认零售活动是发生在传统店铺内的。

通常情况下，实体零售企业可以开设一个或多个传统店铺，消费者可以进入传统店铺购买自己所需的商品。具体而言，消费者可以通过传统店铺内陈列的商品实物收集商品信息。然而，网络零售却与此完全不同，产生差异的主要原因就在于有无开设传统店铺。实体零售的运营是以开设传统店铺为前提的，而网络零售的运营是以无店铺为前提的。

开设传统店铺的实体零售企业需要从生产企业或批发企业那里整合各种各样的商品，并为商圈内的消费者提供零售服务。为了实现能够决定零售服务的流通产出，实体零售企业需要执行所有权转移、物品转移、信息传递等流通功能。在实体零售中，绝大部分流通功能是在传统店铺内执行的。例如，销售人员可以直接向消费者提供商品信息和价格信息，消费者也可以当场向销售人员描述自己的具体需求信息。另外，销售人员和消费者还可以在传统店铺内通过面对面交流的方式来增进相互之间的了解并提高交易达成的成功率。当消费者做出购买决定时，可以在店铺内直接付款并将商品带回。

由于网络零售企业无须开设传统店铺，因此向消费者提供的零售服务在内容上与开设传统店铺的实体零售企业存在较大的差异。零售服务是由流通产出决定的，所以本节提出"网络零售企业所提供的流通产出在内容上与实体零售企业有什么不同""网络零售企业是如何组织流通活动来实现流通产出的"这两个问题，并将围绕这两个问题构建研究框架。

一、网络零售的特征与网络零售企业的流通产出

（一）网络零售的特征

要想了解网络零售企业的流通产出，首先应该明确与实体零售相比网络零售具有哪些特别之处。向山雅夫（2021）将实体零售作为参照对象，从商圈限制、门店规模限制、功能限制、购物时间限制四个方面讨论了网络零售的具体特征。他强调，在网络零售中网络零售企业的销售范围和消费者的购买范围已经不再局限于某一地区或国家，而是扩展到全球。表5-1从网络零售企业和消费者两个视角出发围绕网络零售的利弊对网络零售的特征做了全面梳理。

表 5-1　　网络零售的特征

内容	优势	劣势
网络零售企业视角	·进入市场的成本较低，经过简单准备就可以快速开店 ·不需要开设传统店铺，没有库存也可以开店 ·可以365天24小时接受订单 ·不受仓储设施地理位置的影响，可以面向全国销售 ·通过电脑系统进行订单与库存管理，商品销售流程相对容易 ·只要能确保足够的仓储空间，展示的商品数量和类别可以不断扩大 ·通过收集分析消费者的购买记录和搜索记录，可以掌握消费者的习惯，并将之作为开展推广活动的依据 ·通过营销系统开展个性化的推广活动可以引导消费者进行"跟风购买"与"冲动购买" ·通过加入网络零售平台，即使不深入了解网站制作的相关知识也可以运营网络店铺 ·通过第三方支付公司的介入，可以确保交易结算的安全性	·需要与全国范围内的同行在价格、品质、服务等方面开展激烈的竞争 ·商品很容易被淹没在"互联网的海洋"中。如果商品的搜索排名不靠前的话，就很难发生交易 ·除非是大公司或知名品牌，否则商品很难出现在搜索排名的前列 ·在知名的网络零售平台运营网络零售店铺是共识，但这类平台所收取的开店费、交易佣金等费用很高 ·通过网络零售购物的消费群体相对固定，中老年人对网络零售的利用率不高 ·与实体零售相比，网络零售在运营的过程中更加容易出现库存过多或库存不足的问题 ·当出现恶意差评时很难快速消除，并导致店铺信用等级与销售额的下降 ·额外收取运费会失去一定的竞争优势，免运费又会给收益造成一定的压力

内容	优势	劣势
消费者视角	·可以快速比较全国众多网络零售企业的商品价格及口碑 ·既可以非常方便地搜索到各类商品与网络店铺的信息，又可以将这些信息快速传送给其他消费者 ·与传统店铺相比，网络店铺的运营成本与人力成本相对较低，所以商品价格有一定的优势 ·商品种类繁多，可以较为容易地购买到传统店铺未展示的小众商品 ·无论在任何时间任何地点，只要使用智能手机，即使不出门也可以实现轻松购物 ·不需要与店员进行烦琐的交流。在传统店铺很难买到或不好意思购买的商品也很容易入手 ·因为商品配送到家，所以既不需要付出过多的交通费用与时间费用，也不需要负重搬运商品	·由于无法直接看到商品实物，因此无法确认商品的颜色、质感、尺寸等信息 ·退换货手续较多，即使在可能的情况下也要花费时间、运费、手续费等 ·对于家具和大型家电等商品，组装、搬运、安装及回收流程相对复杂 ·在提供商品的维修和保养等售后服务时会存在一些操作上的困难 ·食品和生鲜商品在运输过程中会出现一定程度的损耗 ·对于是否存在残次品与假冒伪劣商品仍有顾虑 ·地址、姓名、年龄和购物记录等个人信息及银行卡号等支付信息存在泄露或被滥用的风险 ·商品配送时，人不一定在家中 ·网络零售的个性化营销系统会导致消费者发生冲动购买的行为，这容易导致一定程度的浪费

综上所述，与实体零售相比，网络零售主要有以下特征：第一，在所有权转移方面，由于网络零售企业无须开设传统店铺，自然也不再受地点或时间的限制。这样一来，网络零售企业可以将各式各样的商品销售给全国乃至全世界的消费者。但商品在送达前无法确认实物，比较不容易获得消费者的信任。第二，在信息传递方面，虽然网络零售企业发布信息的成本较低，但要与来自全国乃至全世界的同行同场竞技，因此发布出去的信息就很容易被淹没在"互联网的海洋"中。第三，在物品转移方面，虽然网络零售企业在没有实际库存的情况下仍然可以开展正常销售活动，但高昂的配送费用及烦琐的退换货等问题依然棘手。

（二）网络零售中的消费者费用

消费者在购买商品时，除了需要支付商品本身的价格以外，还需要承担各类消费者费用。正如第三章所讨论的那样，实体零售中消费者费用包含交通费用、信息收集费用、时间费用、体力费用及心理费用。

因为网络零售企业无须开设传统店铺，所以网络零售中的消费者费用构成与实体零售相比发生了很大变化。在交通费用方面，只要消费者拥有智能手机等通信终端就可以在任何地方完成购物，所以网络零售中的消费者交通费用趋近于零。正因为没有开设传统店铺，所以网络零售企业需要将商品安全配送到消费者手中。配送过程中发生的费用既可以由网络零售企业承担，又可以由消费者承担。

在信息收集费用方面，消费者即使不去传统店铺也可以轻松浏览众多网站。对于那些已经实现了标准化和品牌化的商品，仅通过数字化的文字或者图像就能充分向消费者传递商品信息，大大降低了消费者的信息收集费用。另外，与实体零售中商品组合提供的实物信息相比，网络零售中商品组合的数字信息有时难以准确传达商品的色彩、舒适度、气味、新鲜度等感官信息。

在时间费用方面，网络零售中不存在按营业时间到店购物的情况，消费者可以在任何时间任何地点享受 24 小时的购物体验，而无须特意抽出时间前往传统店铺。另外，消费者还可以充分利用商品搜索系统，只要输入适当的关键词，网站就会自动展示与之相关联的商品信息，这可以大幅缩短消费者搜索商品的时间。

在体力费用方面，消费者既不需要专程前往传统店铺去搜索商品，也不需要自行将商品带回，所以体能消耗接近于零。

在心理费用方面，实体零售中由于店铺的拥挤、停车困难等问题产生的心理疲劳将在网络零售中彻底消失。但消费者对网络零售企业的不信任感、看不到实物的焦虑、对商品质量的担忧、担心售后服务等一系列信用问题却无法忽视。另外，消费者对住址、姓名、年龄、购物记录等个人信息及支付信息被恶意利用的担忧也可以被视为心理费用的一种。再者，由于网络零售企业销售的商品需要通过快递配送到消费者手中，所以从支付下单到拿到商品还需要经过较长的等待交付时间，这同样会造成一定的心理负担。

图 5-1 展示了网络零售中消费者费用的构成。如上所述，网络零售中消费者费用的构成与实体零售有很大不同。第一，虽然传统意义上的交通费用已趋近于零，但有时候消费者需要承担商品的配送费用。第二，信息收集费用和体力费用大大降低，甚至可以归零。第三，虽然消费者无须专程前往传统店铺购物，但是从网络零售的无限信息中搜索有效的商品信息则需要花费一定的时间费用。第四，正因为没有传统店铺，所以消费者需要承担的心理

费用也在增加。具体而言,首先,是无法充分收集那些非品牌化和非标准化的商品信息,所以消费者对所购商品仍存有一定疑虑。其次,因为无法向消费者提供传统店铺的门脸、室内装修及销售人员的面对面交流等有效信息,所以网络零售中交易的可信度相对较低。再次,消费者十分担心个人信息和支付信息会发生泄露。最后,消费者还要忍受从支付下单到商品到货的漫长等待过程。

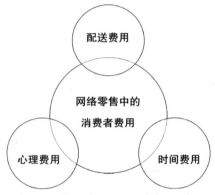

图5-1　网络零售中消费者费用的构成

(三)网络零售企业的流通产出

现有研究以开设传统店铺为前提,讨论了实体零售企业的流通产出。实际上,由流通产出决定的零售服务水平高低与消费者费用密切相关。一般而言,零售服务水平提升的话,消费者付出的平均费用就会相应降低;反之,如果零售服务水平下降的话,那么这一平均费用就会上升。开设传统店铺的实体零售企业为了降低消费者费用,向消费者提供了分散开店、缩短配送时间、丰富商品组合、缩小商品批量、增加便利设施、延长营业时间、传递可靠信息、制定合理价格等流通产出。然而,网络零售中消费者费用的构成与实体零售相比发生了较大变化。为了降低消费者费用,网络零售企业向消费者提供的流通产出自然也会与实体零售企业存在明显差异。李雪(2013)认为,在开展网络零售业务时有五个方面无法忽视,分别是商品组合、价格、物流、支付和客户体验。田村正纪(2019)则强调无店铺的网络零售与实体零售相比,在等待到货时间、额外配送费用、信息准确性、交易可靠性等方面还存在不同程度的问题。

本书基于网络零售中消费者费用构成的变化，将网络零售企业的流通产出分为商品组合、信任关系、网站便利性、物流水平、售后服务五个维度。本小节将深入讨论网络零售中决定零售服务水平的流通产出，主要包括流通产出的具体内容及与消费者费用的对应关系。

（1）商品组合。在实体零售中，商品的信息传递是通过实物展示来实现的，受限于店铺的物理空间，实体零售企业能够展示的商品组合广度和深度是有限的。除此之外，消费者需要花费一定的时间才能从丰富的商品组合中找到可以满足自己需求的商品。在网络零售中，商品实物和商品信息是相互分离的。对于网络零售企业而言，可以在自己的网站上展示丰富的商品信息。对于消费者而言，不仅可以花费极少的成本在短时间内搜索并比较不同商品的信息，还可以轻松实现商品的关联购买和比较购买。如此一来，消费者可以大大降低搜索商品的时间费用。

此外，开设传统店铺的实体零售企业不可能指望用有限的物理空间来满足商圈内所有消费者的需求，这些实体零售企业往往会选择将销量不好的商品从自己的商品组合中移除。而在网络零售中，消费者可以极低的成本瞬间转移到其他公司的网站。因此对于消费者而言，所有在互联网上销售商品的网站集合就是一个大型的什么都有的商店。这种情况会让提供综合性商品组合的网络零售企业优势不再。相反，那些提供专业化、个性化商品组合的网络零售企业反而有可能给消费者留下深刻印象，这不仅可以增加被消费者选择的可能性，还可以帮助消费者降低搜索商品的时间费用。

（2）信任关系。因为未开设传统店铺，所以消费者对网络零售企业及所售商品的感知风险大大提高。要想降低消费者的心理费用，网络零售企业就必须加强信任关系的建设。

影响网络零售企业与消费者之间信任关系的因素主要包括信息的准确性及支付的安全性等，而信息的准确性又可以分为商品质量信息的准确性及网络零售企业身份信息的准确性。商品质量信息的准确性主要受残次品或假冒伪劣品的影响。此外，由于无法体验门店氛围和面对面交流，消费者无法核实网络零售企业的身份信息。尤其是消费者在网络购物的过程中需要输入姓名、地址、电话、支付账号等个人信息，这会让消费者对个人信息和支付信息的泄露产生焦虑。另外，还有一部分人会担心购物后的售后服务，由于无法在签收前看到商品实物，所以发生货不对板的风险也大大增加。

综上所述，网络零售企业只有不断加强与消费者之间的信任关系建设，才有可能提高网络零售的服务水平并降低消费者的心理费用。

（3）网站便利性。实体零售企业可以通过传统店铺的选址来期待与商圈内的消费者进行交易。然而，网络零售中存在无数个内容相似的网站，在消费者浏览到自家网站之前，网络零售企业无法向消费者提供任何商品信息。也就是说，越容易被消费者想起的网站就越容易降低消费者的时间费用。因此，网络零售企业一旦参与竞争激烈的网络零售市场，就必须确保自家网站有一定的知名度。另外，对于已形成综合性商品组合的大型网络零售企业而言，提高网站内的商品搜索精度也可以帮助消费者进一步节约时间费用。

实际上，无论网络零售企业设计制作出多么美观且易操作的网站，只要消费者不浏览该网站就没有任何意义。对于那些搜索无品牌商品的消费者而言，逐一确认网站上展示的商品信息是不切实际的。即使消费者搜索的是品牌商品，那么也有可能出现多个销售相同商品的网站。在这种情况下，网络零售企业就十分有必要采取措施让自家商品的搜索排名尽量靠前。

另外，网络零售中的网络页面还可以被分为商品页面和网络店铺页面。在实体零售中，消费者通常会在进入传统店铺后再决定自己需要什么样的商品。但在网络零售中，消费者会先看到商品的页面，然后通过商品页面进入网络店铺。

（4）物流水平。在实体零售中，将商品从传统店铺转移到消费者手中的物流活动是由消费者自行承担的。具体而言，通常消费者会先在传统店铺内确认商品实物并支付货款，随后通过步行或乘坐交通工具的方式将商品带回。而在网络零售中，消费者无法事先确认商品实物。另外，网络零售企业会替代消费者来组织备货、打包、配送等物流活动。

形成综合性商品组合的网络零售企业会从分散在全国各地的消费者那里收到商品订单。如果网络零售企业可以在接到订单后快速从仓储设施精准拣货并将商品打包成不易被损坏的包裹的话，消费者的心理费用就会大大降低。需要注意的是，网络零售企业将商品打包并送到消费者手中的行为大大增加了物流的负荷。从消费者的角度来看，虽然在前往传统店铺时会产生交通费，但在实体零售店铺除了购物之外，还可以吃饭、娱乐等，因此消费者很少会将交通费直接加到商品的价格中来计算。而在网络零售中有很多网络零售企业会在商品价格旁明确标示额外的配送费用，有不少消费者在意识到配送费用的存在时会直接选择终止本次购物。对于任何一家网络零售企业而言，真正实现高效地组织物流活动、降低配送费用、缩短订单处理和配送时间等目标是一个巨大挑战。

另外，网络零售中的配送员替代了实体零售中的销售人员，也是网络零售中唯一可以与消费者直接见面的工作岗位。所以，配送员的配送效率高低及服务态度好坏将直接影响到能否降低消费者的心理费用。

（5）售后服务。因为网络零售企业无须开设传统店铺，所以无法实现与消费者的面对面交易。这使消费者在购物时对商品质量及交易后的使用情况会产生很多顾虑。网络零售企业可以通过提供自助退货退款、质量保证、维修等售后服务来打消消费者的顾虑并降低消费者的心理费用。

综上所述，网络零售的流通产出与消费者费用的对应关系如下：第一，网络零售企业的商品组合不是通过实物而是通过展示数字信息形成的。消费者即使不去传统店铺也照样可以通过智能手机等通信终端瞬间搜索并比较世界各地的商品信息及价格信息。因此，网络零售企业的商品组合可以帮助消费者降低时间费用。第二，改善网络零售企业与消费者的信任关系可以帮助消费者降低心理费用。第三，在网络零售中，虽然消费者可以极低的成本收集到无限量的信息，但这同时也意味着消费者将越来越难获取对自己而言有用的信息。因此，网络零售企业高效地组织网站运营可以帮助消费者降低时间费用。当网站的知名度得到提升时，消费者的心理费用也会随之降低。第四，高水平的物流配送体系可以帮助消费者降低配送费用和心理费用。第五，可靠的售后服务可以帮助消费者降低心理费用（见表 5-2）。

表 5-2　网络零售中的流通产出与消费者费用

流通产出维度	具体内容	对应的消费者费用
商品组合	·商品组合的广度 ·商品组合的深度 ·商品组合的差异性	·时间费用
信任关系	·商品信息的准确性 ·卖方信息的准确性 ·支付的安全性	·心理费用
网站的便利性	·网站知名度 ·网站搜索排名 ·网站搜索精度	·时间费用 ·心理费用
物流水平	·订单处理 ·配送时间 ·配送质量 ·配送成本 ·退换货的便利性	·配送费用 ·心理费用
售后服务	·品质保证 ·修理 ·退款制度	·心理费用

二、网络零售企业的流通功能

实体零售企业的所有权转移功能、信息传递功能、物品转移功能等都是在传统店铺内完成的。而网络零售企业作为一个流通机构，即使无须开设传统店铺，也需要像实体零售企业那样执行所有权转移、信息传递、物品转移这三项流通功能的全部或某一部分。其中，所有权转移功能和信息传递功能是通过在线下单、在线促销及在线市场调研来完成的，而物品转移功能是通过运营线下仓储设施及为消费者提供配送服务来完成的。也就是说，所有权转移功能和信息传递功能的执行与物品转移功能的执行是相互分离的。网络零售企业可以在不同的地点分别设置网站的运营部门和物流部门，并通过企业内部的信息交换来完善流通功能的执行过程。另外，网络零售企业在执行流通功能并实现流通产出的同时，也为消费者提供了丰富的网络零售服务。

综上所述，为了降低消费者费用，网络零售企业可以通过执行流通功能来实现流通产出。接下来，我们将对照网络零售企业的流通产出，讨论各项流通功能所包含的具体流通活动。

（一）网络零售企业的所有权转移功能

在网络零售中，所有权转移的过程是十分复杂的。在实体零售中，商品的所有权基本上是在传统店铺内由零售企业转移给消费者，并且由消费者自行负责将商品带回。由于无须开设传统店铺，因此网络零售企业需要将商品配送到每一位消费者手中。虽然在完成在线支付后商品的所有权已经转移给了消费者，但需要经过一段时间才能配送到消费者手中。也就是说，只有在商品实际交付给消费者时才发生真正意义上的所有权转移。

对于网络零售企业而言，商品组合形成是执行所有权转移功能的核心。网络零售企业在开展网络零售的时候要先决定好自己应该销售怎样的商品。实体零售中的商品组合是通过实物展示形成的，而网络零售中的商品组合是通过数字化的商品信息形成的。也就是说，对于网络零售企业而言将不再存在任何店铺物理空间与商圈的限制。从理论上讲，网络零售企业可以将无限的商品组合信息传递给全国乃至全世界的消费者。虽然网络零售中的销售机会要远远大于实体零售，但网络零售中的价格竞争也比实体零售更为激烈。需要注意的是，正因为网络零售企业无须开设传统店铺，所以更容易调整网络店铺中的商品组合。本书将网络零售企业决定自家网站销售什么样的商品的流通活动称为"商品组合形成"。

在网络零售中，只有当商品到达最终目的地时消费者才能对实物进行确认。要想确保商品销售的持续性，网络零售企业必须加强建立与消费者之间的信任关系。首先，当消费者浏览新商品或新网络店铺的网站时，如果网络零售企业能够及时回复消费者的询问，那么将有助于消除消费者的感知风险。其次，网络零售企业是通过网站上的文字和图片向消费者传递商品信息的，信息的准确度越高就越有助于建立与消费者之间的信任关系。再次，网络零售企业如果想在消费者面前树立一个可靠的形象，那么放宽退货条件、展示营业执照／销售许可证／商标注册证便是一条有效途径。最后，如果网络零售企业利用第三方支付服务并设立赔偿制度的话，也可以在确保支付安全的同时改善与消费者之间的信任关系。本书将网络零售企业强化建立与消费者的信任关系的流通活动称为"信任构筑"。

因为网络零售企业无须开设传统店铺，所以无论它提供多么丰富的商品组合又或者传递多么可靠的商品信息，只要消费者不浏览该网站，一切就都失去了意义。如此看来，网络零售企业怎么做才能更加广泛地宣传自家网站并提高自身知名度是一个亟待解决的难题。本书将网络零售企业吸引更多消费者到自家网站的流通活动称为"网站运营"。

在网络零售中，理论上各网络零售企业可以接触到全国乃至全世界的消费者。与此同时，零售企业要想在"互联网的海洋"中寻找到合适的消费者，抑或消费者想要寻找到合适的商品并非易事。在众多展示商品信息的网站中确保自家网站的搜索排名靠前是一门必修课，也是一门基础课。除此之外，通过对信息技术的有效利用向每一位消费者提供适合他们的商品也是需要网络零售企业持续推进的一项工作。本书将网络零售企业分析每位消费者的个性化需求并向他们推荐相应商品的流通活动称为"个性化营销"。

（二）网络零售企业的信息传递功能

大数据的发展让网络零售的信息量呈爆炸式增长，信息传递功能的执行方式也发生了巨大改变。究竟什么是大数据到目前为止并没有一个明确的定义。有一种说法认为，"大数据的概念及相关技术只不过是抽象地提出了一种解决问题的可能性"，是当今时代众多"流行词"中的一员。与传统的"小数据"相比，大数据主要拥有三个特征。第一个特征是数量（volume）。互联网上的数据量以 EB 为单位在不断增加。除了网络世界，现实世界也在不断地朝着数字化的方向发展。每天通过电脑收集汇总的数据量之大远超人们的想象。第二个特征是高速（velocity）。大数据是可以实现实时采集的，如何才能快速处理并利用大数据是问题的核心。第三个特征是多样性（variety）。大数据不仅包括量化的常规数据，还包括文字、图像及声音等非常规数据。

图 5-2 展示了网络零售中大数据的构成。消费者在购买商品时必须准确

输入姓名、住址、电话等个人信息，不仅消费者的个人信息和交易数据可以被逐条记录，而且语音、视频、SNS、GPS、传感器等交易过程中的一系列数据可以极低的成本被自动记录。另外，由于这些数据是实时生成的，因此信息的及时性也是有保障的。总体来看，与实体零售企业常用的 POS 系统相比，大数据更为复杂，其预测的结果也更为精准。

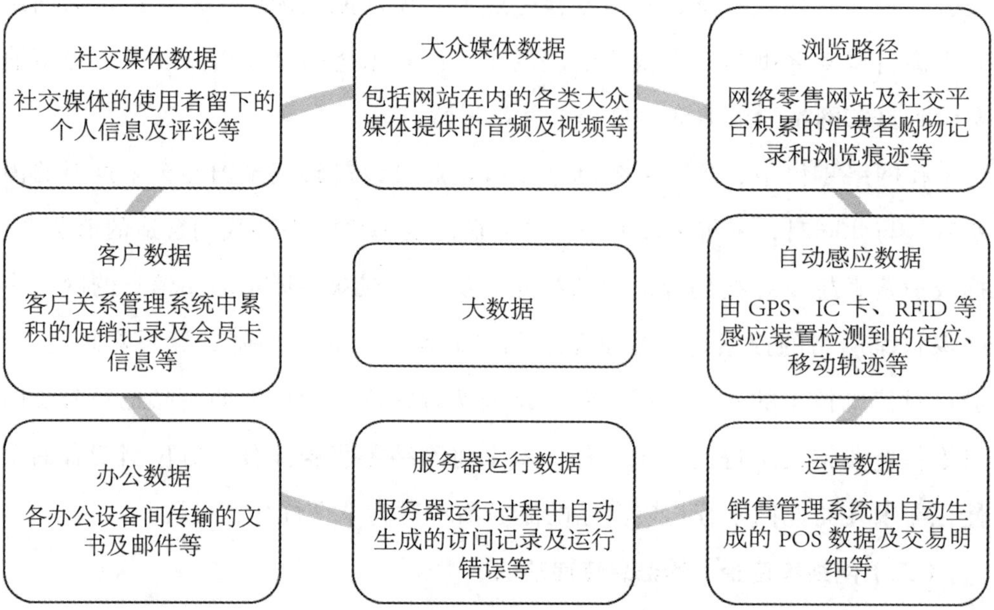

图5-2　网络零售中大数据的构成

正如第三章所讨论的那样，流通系统中的信息主要可以分为卖方流向买方的信息及买方流向卖方的信息。前者主要与促销活动相关联，而后者多与浏览数据采集活动联系紧密。

（1）促销。网络零售企业可以利用大数据精确地向每位消费者传递对应的商品信息。也就是说，在消费者选购商品时网络零售企业可以主动出击来引导消费者做出购买决定，而不是仅靠消费者的主观印象来做出选择。总而言之，网络零售企业无须了解为什么向消费者推荐该商品，而只需要知道应该向消费者推荐该商品就可以了。

（2）浏览数据采集。网络零售企业通过收集和处理大数据可以实时掌握消费者关心的商品及浏览却最终没有购买的商品等信息。图 5-3 展示了消费者浏览路径的基本模式。消费者从开始在网站内进行商品信息搜索到最终离开网站的轨迹被称为浏览路径。基于计算机技术的发展，每位消费者的浏览路径都将被自动记录。这样一来，网络零售企业无论是向消费者推荐已购买商品的关联商品，还是根据消费者的兴趣点推荐个性化商品，都将变得更加容易。

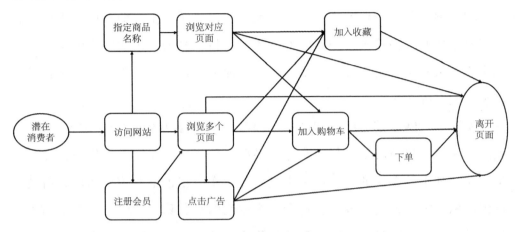

图5-3　消费者浏览路径的基本模式

除此之外，消费者在网络零售中也积极参与了信息的传递。

在实体零售中，消费者只有在进入店铺后才可以搜索商品的信息。而消费者能够收集到的商品信息范围是由店铺内的商品组合来决定的，并不能确保店铺内一定有消费者需要的商品。虽然消费者还可以通过与传统店铺内的销售人员开展面对面沟通的方式来搜索自己需要的商品，但沟通的具体内容难以被记录，更无法成为可追溯资料。也就是说，实体零售中消费者的信息搜索往往是被动的。即便部分消费者会主动地将商品的使用感受传达给身边的人，但实际的影响范围十分有限。还有很多实体零售企业会通过问卷调查等方式来收集消费者信息，但总的来说，实体零售中消费者的信息发布也是相对被动的。

在网络零售中，消费者将感兴趣的商品关键词输入搜索系统后，就可以从分散在全国的网络零售企业那里搜索到该商品信息并进行分析比较。而实体零售中的消费者只能在空间小市场内的几家店铺中搜索商品信息。也就是说，网络零售中消费者可以主动搜索更广范围的商品信息。此外，网络零售中也存在线上问卷调查，消费者可以通过评论栏和社交媒体写下自己的需求和意见，并将它们分享给网络零售企业及其他消费者。由此看来，网络零售中消费者可以主动发布信息。随着消费者的主动参与，网络零售中信息传递功能的执行方式也发生了改变。

本书将网络零售企业参与并组织交易过程中的各类信息传递活动称为"大数据收集与处理"。

（3）网络零售企业的物品转移功能。在网络零售中，即使商品组合信息再丰富，所有权转移再方便，没有物流的支持，网络零售所提供的购物便利性也将失去意义。也就是说，如果没有物流的支持，网络零售这种商业模式就是一座空中楼阁。

实际上，网络零售中的商品移动路径与实体零售有很大的不同。图5-4展示了实体零售与网络零售中商品移动路径的对比。在实体零售中，商品从生产企业和批发企业的仓储设施出发，经由实体零售企业的仓储设施后到达传统店铺。随后，实体零售企业会组织商品的摆放陈列活动，并等待消费者的光顾。当交易完成后，消费者自行将商品带走。而在网络零售中，商品可以从生产企业或销售商的仓储设施直接转移到网络零售企业的仓储设施，且由网络零售企业负责打包并配送到消费者手中。

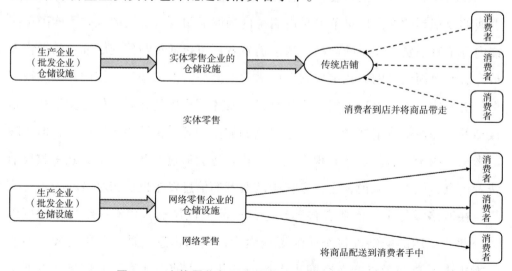

图5-4　实体零售与网络零售中商品移动路径对比

对网络零售企业而言，如何在接到订单后确保能够准确地拣货、打包并以较低的成本尽快将商品送到消费者手中是一大难题。图5-5展示了网络零售中物品转移功能的执行。[1] 具体而言，网络零售企业不仅要确保仓储设施内的商品组合能够满足订单需求，还要确保收到订单后能够从大量的库存中迅速组织拣选、包装、发货准备等物流活动。本书将网络零售企业为实现商品的及时、安全发货而做准备的流通活动称为"订单处理"。

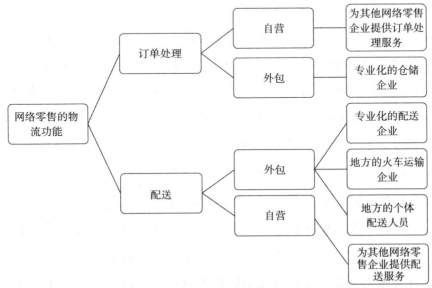

图5-5　网络零售中物品转移功能的执行

另外，网络零售企业在完成发货准备后还必须尽可能迅速地将商品配送到分散在全国各地的消费者手中。本书将网络零售企业将商品从仓储设施送到消费者手中的流通活动称为"配送"。

此外，与执行所有权转移功能和信息传递功能相比，执行物品转移功能需要投入更多的资金和劳动力。尤其是在组织配送活动时，建立全国性的配送网络并非易事。在这种情况下，网络零售企业通常面临两种选择：是自行组织订单处理活动和配送活动，还是将它们外包给专业化的物流企业？也就是说，需要事先决定好网络零售中的物流活动究竟由谁来牵头组织。

（1）订单处理。建设能够高效组织订单处理活动的自动化仓储设施需要大量的资金投入。然而，网络零售的运营主体以销售规模较小的中小型网络零售企业居多，仅凭一己之力无法建设自动化的仓储设施。大部分中小型

[1] 虽然在执行物品转移功能时会产生很多物流信息，但本书主要以商品的空间移动为中心讨论物品转移功能的执行方式。

网络零售企业是在传统的仓储设施内通过人工打包的方式来组织订单处理活动，还有一部分中小型网络零售企业将订单处理活动外包给专业化的物流企业。当专业化的物流企业同时为多个中小型网络零售企业组织订单处理活动外包的时候，就可以大大提高订单处理的效率，并实现规模经济，从而降低物流成本。当然，也有一些大型网络零售企业选择建设大规模的自动化仓储设施并自行组织运营。此外，大型网络零售企业最初偏向将库存集中在少数几个大型仓储设施中，但是为了实现库存分散化及缩短运输时间，众多大型网络零售企业纷纷开始在全国多地兴建自动化的仓储设施。在此基础之上，大型网络零售企业还可以拿出自己的一部分自动化仓储设施来分租给中小型网络零售企业，并为它们代理组织拣选、包装等订单处理活动。这样一来，大型网络零售企业可以通过代理组织订单处理活动获取一定的库存管理手续费，并掌握怎样的消费者喜欢什么样的商品等详细交易信息。

（2）配送。在网络零售中，物流活动的最大特点就是网络零售企业需要承担将商品配送到消费者手中的责任。如果配送时间过长，那么消费者的心理费用就会随之升高，更有甚者会因此而选择放弃网络购物。如何缩短配送时间对于网络零售企业而言是一个永远绕不过去的问题。通常情况下，中小型网络零售企业不可能建立全国性的配送网络。许多中小型网络零售企业选择将配送活动外包给配送网络健全的专业化的配送企业。另外，也有一部分网络零售企业会把配送活动外包给在特定范围内有较强配送能力的企业或个人。而大型网络零售企业为了弥补与实体零售企业之间的差距，不仅建设了大量的仓储设施，而且还自行组织配送活动，甚至一些大型网络零售商已经将配送时间缩短到 1~2 小时，并尝试利用剩余的配送资源为其他网络零售企业提供配送服务。

综上所述，网络零售企业的物品转移功能主要由订单处理活动和配送活动组成。网络零售企业的物品转移功能执行样式主要可以分为三种，分别是：①自行组织订单处理与配送活动；②自行组织订单处理活动，而将配送活动外包给专业化的物流企业；③将订单处理活动与配送活动全部外包给专业化的物流企业。网络零售企业可以根据自身的经营资源自由选择物品转移功能的执行样式。其中，最后一种指的是商品由生产企业或批发企业直接发送给消费者。网络零售企业无须在仓储设施中存放任何商品，而是在接到订单后委托生产企业或批发企业发货并委托物流公司配送，本书将这种物品转移功能的执行样式称为"代发"（drop shipping）。网络零售企业无须展示商品实物，而只要在约定时间内将商品配送到消费者手中即可完成交易。因此，代发是网络零售特有的一种物品转移功能执行样式。

综上所述，网络零售企业可以通过组织商品组合形成、信任构筑、网站运营、大数据收集与处理、个性化营销、订单处理、配送这七项流通活动来实现流通产出。具体而言：①组织商品组合形成活动决定了商品组合；②组织信任构筑活动决定了信任关系；③组织网站运营活动和个性化营销活动决定了网站的便利性；④组织订单处理活动和配送活动决定了物流水平；⑤大数据收集与处理活动则与流通产出的各个维度密切相关。

三、网络零售流通功能的结构

本书以实体零售企业在传统店铺中执行流通功能的样式为参照对象，讨论网络零售企业执行的流通功能。图5-6将实体零售与网络零售中的商品流通进行了对比。

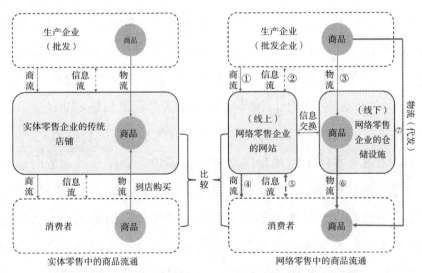

图5-6　实体零售与网络零售中的商品流通对比

从图5-6的左侧看，实体零售企业开设传统店铺并通过在店铺内陈列从生产企业或批发企业采购来的商品实物的方式向消费者传递商品信息。[1] 与此同时，商品的所有权是在实体店铺内从实体零售企业转移给消费者的，且大部分消费者会选择自行将商品带回。也就是说，传统店铺是实体零售企业与消费者之间商流、物流、信息流的共同发生点。

从图 5-6 的右侧看，网络零售企业和实体零售企业一样从生产企业、批发企业那里采购商品并销售给消费者。具体而言，图 5-6 中的①②③代表网络零售业从生产企业和批发企业采购商品并将其存入自建仓储设施的过程，而④⑤⑥表示消费者在网络零售企业的网站上购买商品后网络零售企业将商品从仓储设施配送到消费者手中的过程。需要注意的是，网络零售企业无须在繁华商圈开设传统店铺，往往会选择分开设置网站的运营地点和仓储设施。通常情况下，网络零售企业会把前者设置在城区内，而把后者设置在交通便利的郊区。

实体零售企业需要先从生产企业或批发企业那里获得商品的所有权，然后在自己的传统店铺内将所有权转移给消费者。由于网络零售企业无须开设传统店铺，因此网络零售企业在还未获取商品的所有权时照样可以通过网站向消费者传递商品的数字化信息。这样一来，网络零售企业可以先将商品销售给消费者，然后再从生产企业或批发企业那里采购商品。此外，网络零售企业无须将商品从生产企业或批发企业那里转移到自己的仓储设施中，而是将商品的交付流程完全委托给生产企业、批发企业或专业化物流企业。

接下来，本书基于上述七项网络零售流通活动提出网络零售流通功能（网络零售企业执行的流通功能）的基本构造，构建本书的分析框架。

首先，无论是实体零售还是网络零售，零售企业在开展业务时最重要的就是要决定好自己销售怎样的商品。也就是说，商品组合形成是所有零售企业进入市场的起跑点。实体零售企业主要根据传统店铺的规模、商品处理技术及所在商圈内的消费者需求与购买行为来形成自己的商品组合。由于无须开设传统店铺，网络零售企业既可以向全世界的消费者销售商品，又必须面

---

[1] 虽然实体零售企业也会在传统店铺以外设置仓储设施，但本书主要关注传统店铺内组织的流通活动。

对来自全世界同行的激烈竞争。另外，由于无须展示商品组合的实物，网络零售企业可以很容易地更换商品组合的内容。这样一来，网络零售中行业的概念也变得越来越淡薄。综上所述，网络零售企业形成的商品组合与实体零售企业有很大的不同。网络零售企业不仅可以通过网站向消费者展示更为丰富的商品组合信息，还可以通过网站大量销售实体零售市场中销量平平的小众商品。

在网络零售企业决定好商品组合后，要想向消费者转移商品的所有权，就必须组织信任构筑和网站运营等流通活动。在实体零售中，如果传统店铺的位置佳、购物氛围好的话，那么每天的到店人数还是有一定保障的。而在网络零售中，海量的网站展示着相同商品的信息，要想吸引更多消费者浏览自家网站并非易事。另外，即使有机会将网站展示给消费者，怎样才能获得消费者的信任又是一大难题。

网络零售市场在不断扩张的同时也产生了海量的信息。海量的信息远远超过了消费者的搜索能力和分析能力，仅凭消费者的个人力量已经很难轻易找到对自己有用的商品信息。另外，消费者的购买行为也逐渐转变为开始追求个性化商品。因此，网络零售企业非常有必要根据消费者的喜好来组织个性化的营销活动。在网络零售中，网络零售企业可以通过收集和处理到店消费者的浏览路径等数据为消费者提供独一无二的个性化推广内容。

网络零售企业执行的物品转移功能主要包括订单处理活动和配送活动。订单处理活动的目的是确保在接受订单后能够准确、安全、高效地将商品发出。具体而言，网络零售企业需要将消费者订购的商品从仓储设施的库存中准确地拣选出来，然后进行包装以确保运输过程中的安全。订单处理所花费的时间越短，消费者的心理费用也就越低。对于网络零售企业而言，自行将完成订单处理流程的商品配送到全国各地的消费者手中几乎是不可能的。许多网络零售企业将配送活动外包给专业化的配送企业，一些大型网络零售企业为了保证配送的时效性和安全性已经建立了自己的配送网络。需要注意的是，在网络零售的各项运营成本中，物流成本的占比是最大的。

随着大数据技术的不断发展，网络零售过程中的所有信息都会被自动记录下来。网络零售企业不仅可以收集到自己的销售信息及消费者的购买信息，还可以通过多种途径获取到具体的物流信息及最新的行业发展动态。通过大数据收集与处理，网络零售企业可以更加高效地组织自己的商品组合形成、个性化营销及配送等流通活动。

综上所述，网络零售企业组织的流通活动主要可以分为商品组合形成、信任构筑、网站运营、大数据收集与处理、个性化营销、订单处理及配送。网络零售企业可以通过组织这些流通活动来实现流通产出，并降低消费者费用。如果将网络零售中的流通活动按照流通功能进行归类的话，那么商品组合形成活动属于所有权转移功能，大数据收集与处理活动属于信息传递功能，信任构筑活动、网站运营活动、个性化营销活动一方面是为了实现所有权转移而组织的，另一方面是通过在线信息传递来实现的，因此也可以归类到信息传递功能，而剩下的订单处理活动及配送活动属于物品转移功能。这里要注意的是，网络零售中的所有权转移功能和信息传递功能几乎是在线上完成的，而物品转移功能必须依赖线下的物流体系才能完成。另外，线上执行的流通功能与线下执行的流通功能则通过企业内的信息交换连接在一起。（图5-7）

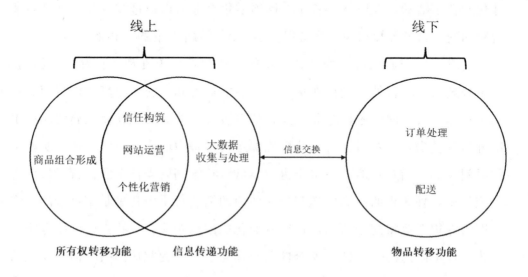

图5-7　网络零售中的流通活动

　　需要注意的是，网络零售中的流通活动并非只有图5-7中罗列的七项。网络零售企业与实体零售企业一样，也需要组织甄选供应商、制订订货计划、定价、装卸货物、仓储等流通活动。由于本书的关注点是未开设传统店铺的网络零售企业所执行的流通功能，所以本书主要围绕网络零售企业特有的七项流通活动展开讨论。

第二节 研究方法

一、研究方法论

本书的研究目的是明确"以开设传统店铺的实体零售企业为前提而构建的流通功能理论能在多大程度上解释无店铺的网络零售世界"。以此为基础，本书主要围绕图 5-7 中所示的商品组合形成、信任构筑、网站运营、大数据收集与处理、个性化营销、订单处理及配送这七项流通活动讨论网络零售中流通功能的执行样式。而本书的研究对象是开展网络零售业务的网络零售企业且研究目的如下：

（1）明确网络零售企业需要组织哪些流通活动。

（2）明确网络零售企业如何组织各项流通活动。

（3）对于网络零售企业在执行流通功能方面的前期研究积累较少。

（4）通过现场观察才能详细了解网络零售企业怎样组织各项流通活动。

（5）并非以大量数据为基础而形成的类型化理论。

实证研究的方法主要有案例分析、调查研究等。在这些研究方法中，以分析因果关系为目的的研究方法主要是案例分析和调查研究。从理论开发的角度而言，最有力的分析方法就是案例分析。Yin（1994）指出，当研究者完全无法控制事态的发展却又必须回答"如何"或者"为什么"这一类问题时，案例分析法的优势将会被发挥到最大。虽然学者们常常会用到案例分析法，但对于该研究方法的实际意义、有效性及局限性还存在不同见解。

田村正紀（2006）对案例分析法这样的定性研究提出了三点批评：第一，通过案例分析得到的知识在很多时候是限定于特定时间、特定场所的片面化研究。这种知识无法超越所研究的案例本身或者案例发生的时间点，很难形成概括性的科学知识。第二，仅靠单一案例或者少数案例无法进行任何科学推理，无法给科学发展带来进步。第三，案例分析在创造假说的阶段可能有用，但在验证或者构建假说的阶段却很难发挥作用。也就是说，通常情况下概括性理论是很难根据一个特殊的案例分析而成立的。

　　Yin（1994）针对以上这些问题提出了反对意见，并指出案例分析的结果也可以形成概括性的科学知识。具体而言，概括有两种类型，分别是统计性概括和分析性概括。对于案例分析而言，分析性概括更为适用。分析性概括指的是利用研究的理论框架来构建一种可能适用于其他情况的逻辑。如果两个或两个以上的案例显示支持同一理论，那么就可以认为该理论具有概括性。关于这一点，严格来说通过多个案例分析得到的因果关系是基于直接分析对象的案例群成立的，如果使用相同的分析框架可以随时再现这种因果关系的话，那么就可以认为该理论具有概括性。也就是说，分析性概括是指在相同条件下可以再现相同现象，或者在相反条件下可以再现相反现象。Eisenhardt（1989）指出，案例分析可以涉及单一案例分析，也可以涉及多案例分析。单一个案分析作为描述性案例分析，可以对事物的现象进行富有个性的描述。在包括管理学在内的社会科学研究中，确立一个永恒规律的可能性是很小的。但通过对行为系统的描述，案例分析可以被看作阐明社会机制的方法之一，多案例分析通常被称为说明性案例分析，可以修正并细化概念的框架。

　　综上所述，为了验证本章第一节提出的"网络零售流通功能的结构模型"这一概念，本书进行了多案例分析并对各案例进行了详细比较。

二、案例选择

　　向山雅夫（1996）强调在进行案例分析时有两个注意点不可忽视：第一，需要明确案例分析的目的是什么。具体而言，"将无意中突然产生兴趣的企业设为分析对象，然后无目的地对该分析对象进行采访，最后对受访者的表述不进行任何思考和解释而原原本本地记录成文"的做法并不是案例分析。积累再多这样的无思考案例分析也无法为理论的发展做出任何贡献。第二，在进行案例分析之前需要事先明确分析的视角。具体而言，如果不事先明确"进行案例分析的目的是什么？为了达到这个目的应该向谁展开询问？听到的回答意味着什么，又能说明什么？它对解释课题的研究目的有何帮助"的话，就无法进行案例分析。有时候，仅知道自己想要明确的内容是什么是远远不够的。因为可以获取目标内容的路径有很多，所以选择一个最佳路径或者说最佳切入点也是至关重要的。

为了筛选出与本章第一节提出的网络零售流通功能结构框架相适应的案例，本书将案例分析对象条件设定如下：

（1）公司主要从事网络零售业务，未开设传统店铺。

（2）在网络零售市场取得成功，能在某一特定领域占有较高的市场份额。

（3）直接或间接参与网络零售特有的七项流通活动。

本书选择了两家符合上述条件的网络零售企业开展案例分析，分别是京东和阿里巴巴。这两家网络零售企业业绩良好，在各自领域占有较高的市场份额。可以说，这两家网络零售企业在执行网络零售流通功能方面具有一定的代表性。

京东是一家运营商人型网站的网络零售企业。2020年，京东商品收入为6519亿元，是我国最大的商人型网络零售企业。其中，电子商品及家用电器收入为4009亿元，占商品总收入的61.5%。此外，京东在运营大型客服中心的同时还积极组织物流活动，在全国范围内建立起了完善的仓储设施和配送网络。截至2020年末，京东的在运营仓库达900个，建筑面积超过2100万平方米。因为京东是一家上市公司，所以可以通过年度报告和一系列的公开报道收集到各类数据。

选择阿里巴巴的原因有以下几个方面：首先，阿里巴巴作为网络零售企业，运营着我国最大的平台型网站——天猫商城。2020年，阿里巴巴零售业务的交易总额超过7万亿元，占我国网络零售市场一半以上的份额。此外，阿里巴巴作为平台型网络零售企业并不直接销售商品，而是通过与开店企业合作的方式积极参与平台内的商品组合形成。此外，阿里巴巴还成立了名为"菜鸟网络"的物流部门，致力于改善开店企业的物流效率。与京东相同，阿里巴巴也是一家上市公司。笔者可以根据阿里巴巴定期公布的企业发展动态和运营情况收集到全面且可靠的数据。

本书的研究目的就是通过比较以上列出的两家网络零售企业所组织的各项流通活动，明确网络零售流通功能的结构模型与网络零售流通功能的具体执行样式。

第六章　京东开展的网络零售

京东集团（JD.com，以下简称"京东"）是我国最大的商人型网络零售企业，自 2010 年起开始向第三方开店者开放网络零售平台，所以也可以把京东看作一家混合型网络零售企业。从 2020 年的收入来看，京东商品收入为 6519 亿元，占比 87%，而网络零售平台运营带来的广告收入为 535 亿元。[1] 由此可见，商品的销售在京东扮演着非常重要的角色。本章主要关注京东在销售商品过程中执行的各项流通功能及具体的执行样式，并以此为基础详细分析京东开展的网络零售。

本科毕业于中国人民大学的刘强东于 1998 年在北京创立了销售刻录机和光碟的"京东公司"。受 2003 年非典（SARS）疫情的影响，京东开始转战网络零售且发展势头良好。最初，京东主要通过一些网络论坛销售商品，并于 2004 年开始正式运营商人型网站"京东多媒体"。到了 2005 年，京东正式解散了线下实体零售部门，开始专攻 3C 产品[2] 的网络零售业务。随着交易规模的不断扩大，自 2007 年起京东着手自建物流体系。来自今日资本、雄牛资本等的外部投资对京东物流业务的扩张起到了举足轻重的作用。2010 年，京东成为国内首家销售额超过百亿的网络零售企业。

物流业务的快速增长极大促进了京东物流水平的提升，"211 限时达""夜间配""极速达"及物流信息追踪等物流服务是业内首创。需要强调的是，京东的发展，尤其是自建物流体系的发展离不开持续不断的大额外部融资。具体而言，2009 年京东获得了来自今日资本、雄牛资本及亚洲著名投资银行家梁伯韬的私人公司共计 2100 万美元的联合注资，其中，七成资金被用于建设自有配送网络及扩建自有仓储设施。2010 年，京东又从美国"老虎环球管理基金"获得 1.5 亿美元资金，其中，50% 的资金被用于扩充自建物流体系。到了 2013 年，7 亿美元的外部融资加速了京东物流体系的建设，并促成京东

---

[1] 资料来源：京东 2020 年度报告。

[2]3C（computer、communication、consumer）产品是计算机类、通信类和消费类电子产品的统称。

在上海建设大型智能化物流中心——"亚洲一号"。除此之外,"京东物流"在 2018 年上市前又获得了 25 亿美元的融资。

为了使网站上的商品组合更加丰富,京东从 2010 年开始向第三方开店者开放网络零售平台,并向他们收取开店费、手续费、广告费等。与此同时,京东的自营商品品类也从 3C 产品拓展到图书、服装及日常生活用品,并逐渐形成综合性商品组合。随后,京东又开始提供电子图书、旅游、音乐、支付等在线服务,不断向多元化的方向发展。从 2014 年开始,京东与 IT 巨头腾讯开展合作并获得了巨大流量导入。另外,大型智能化物流中心"亚洲一号"的平稳运营也向各界充分展示了京东的物流水平,并大大提高了京东的物流服务效率。外部投资方面,京东先后入股了永辉、达达集团、中国联通、唯品会等企业,一方面积极探索网络零售与实体零售的高效融合,另一方面对健康医疗等新兴领域也表现出极大兴趣。

根据图 6-1 展示的京东交易额[1]变化可以看出,近年来,京东以每年至少 20% 的增长率稳步发展壮大。京东的交易额在 2019 年首次超过 2 万亿元,到了 2020 年更是达到了 2.61 万亿元。从 2010 年开始,京东开始向混合型网络零售转型,因此网站上增加了很多由开店者提供的商品组合。即便如此,自营商品交易额仍然长期占交易总额的四分之一以上。京东自营商品的交易额在 2020 年已经达到 6519 亿元,这也使京东长期占据着我国第一大商人型网络零售企业的地位。

凭借高效的物流体系及丰富的自营商品,2020 年京东的活跃消费者数量已经突破 4.7 亿。作为我国最大的商人型网络零售企业,京东需要执行怎样的流通功能,又是如何执行这些流通功能的呢?下面,笔者将从商品组合形成、信任构筑、网站运营、大数据收集与处理、个性化营销、订单处理及配送这七个流通活动维度来讨论京东执行流通功能的具体样式,并探明京东是如何组织各项流通活动的。

---

[1] 包括自营商品交易额和网络零售平台交易额。

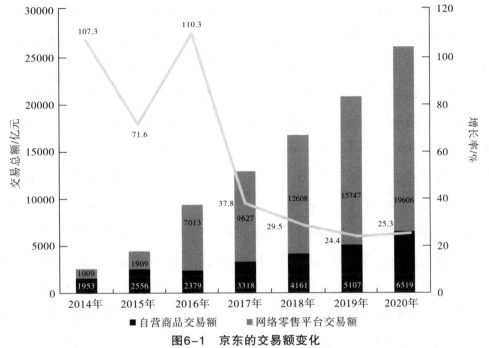

图6-1　京东的交易额变化
（资料来源：京东 2017—2020 年度报告）

第一节　京东的商品组合形成

本节将主要围绕京东的商品组合形成展开讨论，探讨京东的商品组合从专业性向综合性演变的详细过程。

一、以 3C 产品为主的商品组合

自 2004 年起，京东正式进军网络零售市场，通过以 3C 产品为主的专业性商品组合及明确的目标市场定位，并以每年 300% 的速度快速成长。

最初，京东运营的是销售自营商品的商人型网站，这也意味着网站上展示的商品数量不会受到传统店铺物理空间的限制，而是可以实现无限扩张的。与此同时，京东也不用受到商圈大小的限制，而是可以向全国消费者提供网络零售服务。然而，京东需要从供应商那里采购商品，并将其暂存到自己的仓储设施中。因为仓储设施的物理空间是有限的，所以京东不可能在仓储设施内存放无限量的商品。京东在进军网络零售市场时充分利用现有的供应链及实体零售积累的经验，以 3C 产品为主形成了专业性的商品组合。首先，京东的所有商品都是自行采购并销售的，因而可以给消费者带来足够的信任感。正是得益于自营商品，京东在电脑、智能手机、平板等 3C 产品领域获得了较大的市场份额。从 2008 年开始，京东开始在网站销售电视机、空调、冰箱、洗衣机等大型家电产品，从而进一步完善了 3C 产品的全线布局。另外，通过形成以 3C 产品为主的商品组合，京东积累了更多的网络零售专业知识，并为消费者提供更加完善的售后服务。最早一批接触网络零售这一新兴购物形式的消费者多为二三十岁的年轻人，京东判断他们对 3C 产品会有较高需求，于是刻意在年轻消费者群体中塑造一种"3C 产品专业人士"的形象。再者，虽然 3C 产品的存储条件比日常生活用品更为苛刻，但京东在全国范围内建设的多个标准化仓储设施[1]保证了 3C 产品储存与配送的安全性和时效性。

二、综合性商品组合

进军网络零售市场之初，京东就以 3C 产品为主的专业性商品组合在消费者面前树立了鲜明的企业形象。随着互联网的普及，通过网络零售购物的消费者数量及开展网络零售业务的网络零售企业数量都呈现出爆炸式的增长，这也导致我国网络零售市场的竞争日趋激烈。为了形成综合性商品组合，京东在拓展自营商品数量的同时将自家网站从传统的商人型网站转变为向第三方开店者开放的平台型网站。

（一）拓展自营商品

截至 2008 年，京东的在售商品约有 1.5 万个品种，而彼时美国的知名网络零售企业亚马逊的在售商品已经超过 3000 万个品种。商品组合规模过小对京东而言是一个致命的缺陷。为了满足消费者需求的多样性，创始人刘强东指出要提高商品组合的丰富度。从 2009 年开始，京东开始销售服装、化

---

[1] 关于京东的物流体系，笔者将在本章的第六节和第七节中详细讨论。

妆品、食品等日常生活用品。到了 2010 年，京东一方面拓展图书的网络零售业务，另一方面收购了大型商人型网络零售企业"千寻网"。由此，京东从销售专业性商品组合的网络零售企业转变成了销售综合性商品组合的网络零售企业。截至 2020 年，京东与超过 30000 家供应商建立了稳定的供应关系，自营商品也已超过 900 万个品种。[1]

作为商人型网络零售企业，京东需要从供应商处采购商品并在仓储设施内组织库存管理、订单处理等流通活动。随着商品组合的不断拓展，京东的交易额稳步增长，同时确保供应链的稳定及物流体系的高效运营等压力也随之加大。具体而言，日常生活用品和食品的规格及储存标准与 3C 产品相去甚远，库存管理和订单处理流程也不尽相同。另外，商品组合的拓展还会增加自建物流体系的运行负荷。

为了解决商品组合拓展带来的一系列问题，京东开始向平台型网络零售转型。

（二）向平台型网络零售转型

网络零售平台的运营解决了商品组合拓展与仓储设施不完备之间的矛盾。京东从 2010 年开始在商人型网站的基础上开放了平台功能。除自营商品外，第三方开店者也可以通过京东的网站展示商品信息并进行商品销售。从这个角度来看，京东已经从纯粹的商人型网络零售企业转变为混合型网络零售企业。这种改变带来的结果就是京东的网站可以为消费者提供更丰富的商品组合并提高对消费者的吸引力。另外，由于大部分开店者是自行组织库存管理、订单处理等流通活动，所以对京东自建仓储设施的依赖程度也比较低。

表 6-1 罗列了京东网站上展示的商品组合分类。京东将商品组合分为 16 个大类。[2] 其中，消费电子、手机数码、电脑等 3C 产品的销售规模占总交易额的六成 [3]，同时也最受京东的重视。开放平台功能后，京东在向开店者借力

[1] 资料来源：京东 2020 年度报告。

[2] 商品组合的构成与分类方式会随着实际销售情况动态调整。

[3] 资料来源：京东 2020 年度报告。

的同时融入了原本不擅长的服装、食品等便利品领域，从而为消费者提供了更加丰富的商品组合。截至 2019 年，参与京东网络零售平台的开店者已经超过 20 万。

表 6-1　京东商品组合类别（截至 2020 年 8 月）

序号	商品组合类别
①	家用电器
②	手机数码
③	电脑、办公用品
④	家居、生活用品
⑤	服装
⑥	化妆品、个人护理用品、宠物用品
⑦	女鞋、箱包、珠宝、手表
⑧	男鞋、运动用品
⑨	汽车用品
⑩	母婴用品、玩具和乐器
⑪	零食、饮料、生鲜食品
⑫	礼物、鲜花、植物
⑬	药品和营养食品
⑭	图书
⑮	工业产品
⑯	门票等虚拟商品

资料来源：京东 2020 年度报告。

对于京东而言，开放网络零售平台有利有弊。有利方面主要表现在以下三点：第一，京东无须直接从供应商处采购大量商品便可以在网站上展示综合性商品组合的信息，同时还能吸引更多消费者浏览自家网站；第二，京东可以通过向开店者收取保证金、平台服务费、京东扣点等方式来增加企业的总收入；第三，随着自建物流体系的不断完善，京东可以向开店者提供多余的仓储设施等物流资源，并以此提高物流体系的整体利用率。而弊端则主要表现在以下三个方面：第一，虽然京东对开店者设置了严格的进驻条件，但开店者的商品质量依然难以把控；第二，一旦开店者的商品组合发生假冒伪劣等问题，便会给京东的公信力造成一定的负面影响；第三，京东无法避免自营商品与开店者商品之间出现的冲突。

三、开发自有品牌

为了使商品组合更加丰富，京东还开发了一系列的自有品牌（PB）商品。自 2010 年起，京东就着手开发自有品牌商品。2012 年，京东利用自身"3C 产品专业人士"的形象打造了名为"dostyle"的自有品牌，主要销售电脑等 3C 产品。此后，随着综合性商品组合战略的实施，京东先后打造了"佳佰""InteRight"等自有品牌，以个人护理用品、生活杂货、服装为中心自主研发各类日常生活用品。京东会根据销售情况动态调整自有品牌名称及自有品牌内的商品组合。

京东不仅可以收集超过 4 亿活跃消费者的购物数据，还可以处理 900 万种自营商品及 20 万开店者的销售数据。此外，京东还结合多年的运营经验积累了大量具有稳定制造能力的供应商信息。如此一来，京东便可以高效匹配市场需求与供应商的制造资源，并实现自有品牌的快速开发与销售。

在京东开发的众多自有品牌中，最受关注的是提供综合性商品组合的"京东京造"，2020 年该品牌的订单量比 2019 年提升了整整 4 倍。"京东京造"向消费者提供日常生活用品、食品、服装、宠物用品、3C 产品、家具等丰富的商品组合。与大品牌相较而言，京东的同款商品价格更低，质量更优。例如，通过对大数据的分析，京东发现目前市场对 1000 元左右的儿童桌椅的需求量正在快速增长，且消费者对原材料的安全性和环境友好性的关心程度也在逐年提高。在此基础上，京东积极对接上游生产企业并全程参与原材料采购、生产、销售、物流等环节，在极短的时间内开发出一款广受消费者欢迎的儿童桌椅。在 2020 年"双十一"时期（2020 年 10 月 21 日至 2020 年 11 月 11日），由"京东京造"开发的儿童桌椅套装的交易额超过了 2000 万元。截至2020 年，京东开发的"京东京造""佳佰""惠寻"等自有品牌商品实现快速发展的态势，总交易额超过了 30 亿元。接下来，京东有望通过大数据甄选出更多的细分市场，并开发出商品组合更为丰富的自有品牌商品组合。

第二节 京东的信任构筑

京东作为网络零售企业，并不需要开设传统店铺，因此无法在购物过程中为消费者提供商品实物的比较服务，也无法为消费者提供实景消费气氛、面对面销售等服务。此外，消费者在进行在线支付时难免会对资金与个人信息的安全性产生疑虑。对于京东而言，让消费者对自家的网站及网站上展示的商品信息产生信任是一个非常棘手却又不得不克服的难题。

一、通过自营建立信任

京东最大的特点就是商品自营。简单来说就是京东自己从供应商那里采购商品，然后转卖给消费者。由于京东长期坚持只销售正品行货的原则，久而久之便在消费者心目中形成了"销售正品的网站"的形象。另外，京东还对自营 3C 商品提供安装、延长保修期等附加服务，并恪守 7 天无条件退货、30 天价保、30 天问题商品无条件退货、180 天问题商品免费更换等承诺。如此一来，京东作为一家商人型网络零售企业给消费者带来了极强的信任感。

物流方面，京东销售的大部分自营商品是通过自建物流体系配送给消费者的。配送员为消费者提供的现金支付、POS 机支付等到付服务，很好地保证了交易的安全性与便捷性。另外，京东的配送员都是参加过企业内部培训的，他们的服务态度和操作专业度也可以在一定程度上消除消费者的不信任感。

支付方面，最初京东与阿里巴巴开发的"支付宝"[1]及腾讯开发的"微信支付"等第三方支付建立了合作关系。2014 年，京东开发了自己的在线支付服务"京东支付"，从而进一步增强了京东的可信任度。

二、利用评价体系和客服中心建立信任

京东从 2006 年开始运营京东产品博客系统，并以此为消费者提供关于

---

[1]2011 年，京东停止了与支付宝的合作。

商品评论与沟通的数字化信息平台。京东通过这种方式不仅可以收集与处理消费者的使用感受和意见，还可以收集与处理消费者之间的交流信息，改善自己的服务和商品组合。此外，京东还向消费者发放名为"京东豆"的奖励积分，鼓励消费者对所购商品发表感想和评论。图 6-2 展示了京东为自营商品设置的评价栏。消费者在确认商品到达后可以立即写下对商品的评价，也可以在使用商品一段时间后进行追加评价。从图 6-2 来看，京东评价栏的内容主要分为对商品的评价及对物流服务的评价。而对物流服务的评价又进一步细分为快递包装、送货速度和配送员服务三个方面，这充分展示了京东对自建物流体系的重视程度。

图6-2　京东自营商品评价栏

（资料来源：京东移动端应用截图）

具体而言，设置评价的效用大致可以分为两种：第一，消费者在第一次买某件商品时可以查看他人的评价。通常情况下，消费者认为从买方处获取到的信息的可信度要高于从卖方处获取到的信息。第二，截至 2020 年，京东积累了大约 71 亿条消费者对商品的评价。通过对此类大数据的收集与处理，京东可以对消费者的投诉和意见做出快速响应，并以此不断加强自身的可信度。

另外，为了增加企业的可信度，京东还在全国布局了三个大型的客服中心，以直通热线、即时聊天、电子邮件三种响应方式为消费者提供全方位的售前服务、售中服务及售后服务。2009 年，京东创始人刘强东在宿迁成立了客服中心，该客服中心采用 24 小时全年无休的方式为消费者提供服务。随后，京东又先后在成都（2012 年）和扬州（2014 年）设立了两家客服中心。其中，宿迁分中心主营电话业务，成都分中心主营在线业务，扬州分中心主营 POP 商家支付服务、电话及在线业务的双备份。此外，这三家客服中心还实现了三地联动，互联互通。

截至 2020 年，京东的三大客服中心共有 12000 名工作人员，他们主要为消费者提供商品的查询、物流信息追踪、投诉处理等服务，这一举措极大地增强了企业在消费者心中的信任度。

三、通过监管开店者建立信任

早期的京东坚持所有商品自营，并给消费者留下了一个值得信任的印象。为了丰富网站上的商品组合，京东从 2010 年开始运营网络零售平台。但是，如何确保平台上的开店者同样能够获得消费者的信任成了一个棘手的问题。

在开店者监管方面，京东设定了严格的开店条件以确保开店者提供的商品和服务的质量，并对开店者的经营活动进行实时监管。具体来说，第一，开店者必须是企业卖家，而不是个人卖家。第二，开店者需要向京东提交政府部门颁发的营业执照、经营记录等文件，如果不满足审核条件就无法在网络零售平台开店。第三，如果开店者出现重大或重复违反规则的情况，就会被处以罚款，甚至被永久禁止在京东开店。另外，京东也会根据交易记录和经营活动对优秀开店者进行鼓励。比如，允许优秀的开店者的网络店铺首页打上"京东好店"的标志，从而可以帮助开店者吸引更多的流量。需要注意的是，京东会根据对注册信息、业务规模、运营能力、物流设施、商品开发能力等条件的审核结果来决定下一年度是否允许该开店者继续在网络零售平台开展业务。

京东通过对开店条件及开店过程的严格把控来让开店者无法销售假冒伪劣商品。只有这样才能确保京东网站上销售的所有商品及服务的品质都保持在一个较高水平，并维持京东网站整体的可信任度。

第三节　京东的网站运营

与其他未开设传统店铺的网络零售企业一样，京东时刻需要考虑如何吸引更多的消费者浏览自家的网站，这也就是所谓的"引流"。图 6-3 展示了2016—2020 年京东运营成本的变化。京东从创业初期就十分重视引流活动，截至 2020 年京东的营销费用已经上升至 271.56 亿元，虽然没有履约开支高，但营销费用已经远超技术研发开支。因为京东并未开设传统店铺，所以网站的引流主要是通过大规模、高频率的推广活动来实现的。需要注意的是，京东大于九成的订单不是通过传统的电脑页面，而是通过安装在智能手机或平板电脑等移动终端上的应用程序来交易的。为了便于讨论，笔者将二者的运营推广统称为网站运营。

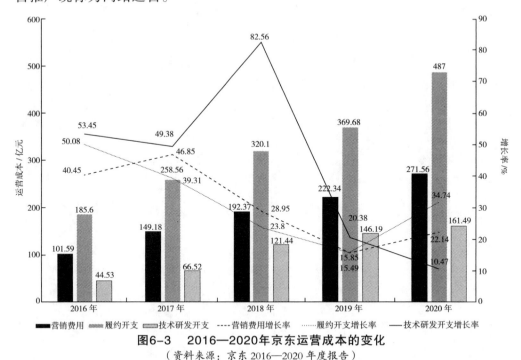

图6-3　2016—2020年京东运营成本的变化
（资料来源：京东 2016—2020 年度报告）

一、通过广告宣传引流

最初，京东为了在竞争激烈的网络零售市场打响知名度而投放了大量传统广告。京东先是以"正品行货且开具发票"为卖点进行大力宣传。随后，京东认为年轻男性消费者对 3C 产品兴趣浓厚，于是邀请了当时人气颇高的男演员出演自家的广告。由于大学生对 3C 产品的需求量较大，京东不仅在全国高校招募大学生作为校园代理人，还经常作为校内比赛和学生活动的赞助商，从而实现宣传京东网站的目的。另外，2013 年京东与中国超级足球联赛建立了合作伙伴关系，实现了京东广告在足球比赛中的反复播放。由此，京东在男性消费者中迅速打开知名度。

综合性商品组合战略的实施意味着京东越来越意识到女性消费者的重要性。为了追求消费群体的平衡，京东从 2013 年启用人气女演员作为品牌代言人。与此同时，宣传化妆品、服装、珠宝首饰等商品的广告也逐渐增多。另外，京东为了吸引女性消费者的关注还专门选择了长期以来深受年轻女性喜爱的湖南卫视作为投放广告的核心平台。需要注意的是，截至 2020 年，京东用户的男女比例仍为 6:4。京东"面向男性消费者"的形象将在未来很长一段时间内继续维持下去。

近年来，京东以"多快好省"为宣传口号投放了很多电视广告和看板广告。但是，电视、户外看板、公交车、地铁等传统广告存在费用较高、无法准确把握广告效果等问题。除此之外，传统广告能够传递的信息量也十分有限。投放这类广告的主要目的大多不是宣传某件具体的商品，而是突击宣传一些大型促销活动及塑造稳定可信任的企业形象。

通过对大数据的灵活应用，京东越来越重视能够详细统计推广效果的线上广告。具体而言，京东在内容平台（如新浪微博）、搜索网站（如百度）、社交媒体平台（如 QQ、微信）、视频平台（如腾讯视频、爱奇艺、哔哩哔哩、抖音海外版）、数字新闻平台（如今日头条、网易、腾讯新闻）等大型网络媒介进行了广告投放。例如，图 6-4 展示了京东在百度上的广告。当计划购买索尼电视机的消费者输入"Sony"和"电视"两个关键词时，搜索结果最上面两行内容全都被京东的广告占据。

此外，除了一些耳熟能详的大型网站，京东也会和众多中小型网站开展合作并在其网站上投放商品广告。当消费者通过广告链接进入京东网站并成功交易后，京东会按比例向网站所有者支付相应的佣金。

图6-4　百度上的京东广告（2021年9月）
（资料来源：百度网页截图）

二、通过合作引流

对于未开设传统店铺的京东而言，其网站访问流量的规模将直接影响到交易的整体规模。如何在现有基础上吸引更多的消费者来访始终是无法回避的现实问题。为了引流，京东每年都要花费巨额资金在线上、线下投放大量的广告，然而依靠自有资源毕竟存在一定的局限性，因此选择与其他公司合作的方式来吸引更多的消费者浏览自家网站也不失为一条捷径。

2014年，京东收购了腾讯的网络零售业务并与腾讯建立了战略伙伴关系，这使腾讯能够为京东的用户提供更专业的网络零售服务，也为京东带来了庞大的潜在消费者资源。图6-5展示了微信与京东之间的直接关联。打开微信的"发现"界面，用户点击"购物"按钮后，京东网站页面就会立即出现。另外，通过微信账号可以直接登录京东，这一举措可以挽留一大批因为厌倦重复填写注册信息而选择放弃登录的消费者。虽然连接两家公司的核心数据库是不现实的，但通过对大数据的灵活应用仍然可以分析消费者的购买行为和生活习惯，并向消费者展示个性化的购物页面。

图6-5 微信与京东的关联
（资料来源：微信、京东移动端应用截图）

图 6-6 展示了 2011—2020 年京东活跃消费者的数量变化。得益于与腾讯的合作，京东的活跃消费者从 2013 年的 0.474 亿人上升到 2014 年的 0.966 亿人，仅用一年时间就翻了一倍。到了 2020 年，京东活跃消费者达到 4.719 亿人。

与腾讯的合作给京东带来的益处主要表现在四个方面：第一，超过 12 亿的微信用户是京东最大的潜在消费者，在增大获客机会的同时降低了获客的成本；第二，微信是我国最大的社交媒体，当收到熟人通过微信分享的京东商品信息时，对京东的信任感也会随之上升；第三，当消费者养成了通过微信购物的习惯以后，浏览京东网站的次数也会变多；第四，京东从一开始就以"3C产品的专业人士"的形象吸引了一大批生活在大城市的消费者，而通过与微信的合作让京东更加容易接触到使用微信的广大农村消费者。

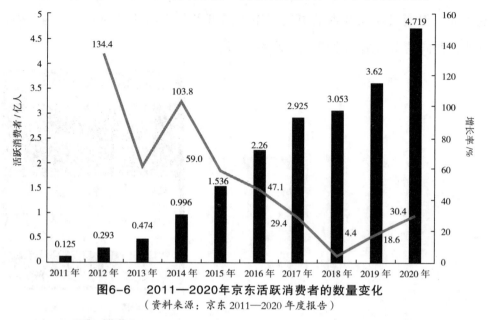

图6-6　2011—2020年京东活跃消费者的数量变化
（资料来源：京东2011—2020年度报告）

三、通过促销活动引流

截至2020年，京东活跃消费者已达4.72亿人，虽然少于我国最大的网络零售企业阿里巴巴的7.26亿人，但依然占到了我国互联网用户的一半以上。京东究竟怎样做才能让如此大规模的活跃消费者进行重复购买呢？

高频率的促销活动被认为是促进消费者重复购买的有效策略之一。京东组织的促销活动大致可以分为三档：第一档是"618"与"双十一"，其中"618"是一年中规模最大的促销活动。第二档是传统节日与京东定期主办的各类"主题购物节"。比如京东会在春节、端午、中秋等传统节日的当天或提前一周发放优惠券。"主题购物节"是指如"京东厨房用品节""京东家电狂欢""3C购物节"等在特定时间以特定主题对特定类别的商品进行促销的活动。第三档是每天以不同主题对特定品牌或类别商品进行降价促销，如"超级品牌日""超级品类日""超级新品日"等。

长期以来，"双十一"被认为是阿里巴巴举行促销活动的同义词，而提到"618"的话绝大部分人联想到的就是京东大促。其实"618"代表的意思是

6月18日，也是京东的成立日。从1998年开始，京东在每年的6月18日都会举办一场庆祝成立日的活动。直到2008年，京东首次在自己的网站上举办名为"618"的促销活动，但当时的知名度和影响范围都极为有限。而京东最大的竞争对手阿里巴巴于2009年主办了一场名为"双十一"的促销活动却取得了巨大的成功。从2010年开始，京东决心打造属于自己的大促活动，随后便在成立日"618"当天举行了大规模的降价促销活动。时至今日，"618"已经与"双十一"并列成为我国网络零售市场上最重要的两场促销活动。

从往年的促销活动来看，京东主要通过发放代金券、满减、特价、限量降价等方式吸引消费者的关注。

最开始的时候，"618"的促销活动仅限于6月18日当天，目前促销期已经扩展到6月18日前后一个月的时间。

延长"618"促销期的作用主要有两个：第一个作用是引流。通过组织多种多样的促销活动，京东可以吸引更多消费者关注自家网站。一方面可以期待新消费者的来访，另一方面可以期待现有消费者发生重复购买行为。第二个作用是提高物流效率。因为消费者提前支付了订金，所以京东可以在最终交易前先将商品转移到消费者附近的仓储设施。这样一来，当消费者支付余款后京东就可以在极短时间内将商品配送到消费者手中。

从历年的"618"促销活动来看，价格让利是京东最主要的引流手段。然而，无论网站内的促销活动多么丰富，如果不能把促销信息及时全面地传递给更多的消费者就显得毫无意义。想要解决这个问题，京东就必须组织大规模的宣传推广活动。例如在2020年"618"促销活动开始前，京东为了打造这场年度最大的促销活动，不仅运用了线上、线下的广告资源，而且"618"当天还在北京卫视的黄金时间段播出了一档特别节目，成功吸引了众多消费者的关注。

第四节　京东的大数据收集与处理

京东既销售自营商品又运营网络零售平台，通过与 30000 多家供应商及 20 万家开店者的合作，开展了混合型网络零售业务。此外，自建物流体系进一步提高了京东参与网络零售市场的综合竞争力。在如此大规模交易发生的同时，也产生了大量关于供应商、自营商品、开店者、开店者商品、消费者、订单处理、配送等信息，这些也就是所谓的大数据，京东可以通过京东云对大数据进行分析和处理。那么京东具体可以收集哪些大数据，又是如何收集这些大数据的呢？另外，收集到大数据以后京东又是如何对它们进行处理和应用的呢？

一、大数据的收集

早在 2009 年，京东就意识到了数据的重要性，并在公司内部设置了独立的数据部门。最初，京东将数据部门分为面向营销业务和面向物流业务两大块。随着网络零售业务的快速增长，京东意识到只有对数据进行整合才能满足拓展商品组合、设置新仓储设施等需求。于是，京东在 2012 年对营销数据和物流数据进行统一管理，并正式成立了真正意义上的"大数据部门"。

京东的大数据主要可以分为内部数据和外部数据。内部数据主要包括京东运营网络零售网站和自建物流体系所产生的数据。具体而言，京东不仅可以收集供应商和开店者的交易数据，还可以收集 4.72 亿活跃消费者的购买数据及商品的物流数据，即供应商的供货能力、自营商品的销售情况、开店者的销售记录、商品库存情况、商品参数、消费者信息、位置数据、浏览路径、购物记录、配送轨迹等常规数据都会被京东的大数据系统自动记录。此外，由于京东建立了健全的评价体系，消费者留下的对商品的使用感受及评价等也是内部数据的重要组成部分。而宿迁、成都、扬州三大客服中心可以在 24 小时内即时回应消费者对商品的疑问和不满，这些通话与即时聊天的内容同样都会被自动记录。所以说除了常规数据以外，京东还可以收集到文字、图片、音频、视频等非常规数据。

外部数据方面，通过与 IT 巨头腾讯的合作，京东可以获得微信、QQ 这类社交媒体用户的浏览路径等方面的数据。微信是目前国内覆盖人口最多的即时通信软件，并早在 2013 年腾讯就开发了支付功能——"微信支付"。消费者不仅可以在京东上使用微信支付进行结算，在众多线下门店同样可以使用微信支付购买商品。如此一来，微信可以实时收集用户在什么时间、什么地点、以什么价格购买了什么商品等消费数据。2017 年，微信又开发了一个名为"小程序"的功能，让用户可以直接通过微信登录各类应用程序。小程序的最大优势就在于消费者无须在智能手机上安装众多杂乱的应用程序，仅安装一个微信就能满足大部分日常需求。也就是说，微信每天可以收集到的数据基本涵盖了 12 亿活跃用户的衣食住行游购娱各个方面。需要注意的是，为了保护用户的隐私，腾讯并不会将数据原封不动地分享给京东，而是将姓名、住址等重要的个人信息进行隐藏处理。

与腾讯的合作让京东获得了大量消费者数据，但可以帮助京东收集外部数据的不仅限于腾讯一家。京东通过入股或收购第三方物流企业、实体零售企业与其他网络零售企业的方式不仅补充了自身网络零售业务发展过程中的不足，而且获得了更为丰富的外部数据。

二、大数据的处理

虽然一些大型实体零售企业也设置了自己的数据处理部门，但其收集到的数据量和内容十分有限且没有完善的技术支持，所以很难实现数据的实时处理与利用。而在网络零售世界，大型网络零售企业自不必说，即使是中小型网络零售企业也会设立自己的数据处理部门或专门的数据处理岗位。网络零售企业的数据处理部门要做的绝不是简单地对数据进行汇总和分配，而是根据具体的使用目的对收集到的数据进行科学的分析与处理。

图 6-7 展示了京东的大数据处理流程。京东的大数据是由内部数据和外部数据组成的并可以进一步细分为既有数据和实时数据。既有数据为数据的分类和数据之间的关联性分析提供了扎实的基础。另外，京东凭借强大的大

数据技术可以实现数据的实时收集与处理。例如，基于对浏览路径的实时分析，京东可以对消费者行为做出快速响应，从而向每一位消费者推荐个性化的商品组合页面。需要注意的是，京东的大数据部门作为一个独立机构，直接隶属于集团总部，并为集团内各子公司提供全方位的数据服务。又如，京东的物流部门就可以利用物流大数据的分析结果准确预测出"618"促销期间商品的最佳库存规模及配送路线。

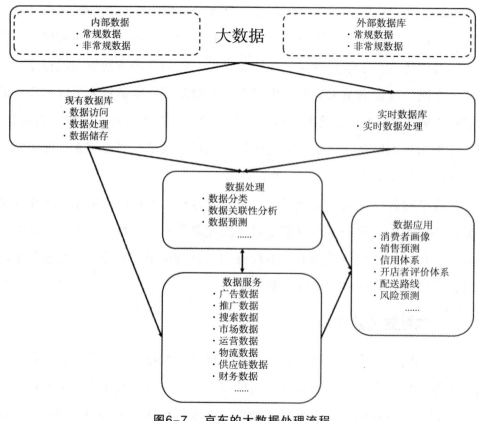

图6-7　京东的大数据处理流程

　　帮助京东实现海量大数据收集与处理的正是"京东云计算"（以下简称"京东云"）。具体而言，京东云的发展可以在提升自身大数据收集与处理速度的同时改善商品组合形成、推广、网站内搜索服务、订单处理、配送等流通活动的时效性和准确性。另外，京东云通过向第三方企业提供数据处理服务也为京东带来了新的收入来源。从图6-3的运营成本来看，京东在大数据、京东云等技术研发上投入了大量资金。2018 年，京东对技术开发的投资首次超过 100 亿元，与前一年度相比提升了将近一倍。到了 2020 年，京东的技术开发费用已达到 161 亿元，占总收入的 2.2%。在技术人才方面，截至 2019 年，参与大数据、京东云、人工智能等技术开发的员工已达到 14047 人，到了 2020 年这一数字已经变成了 17239，同比增长 22.72%。[1]从这个角度来看，京东作为一家大型网络零售企业十分重视数字技术的开发与应用，并力求走在行业的最前端。

---

[1] 资料来源：京东 2020 年度报告。

第五节　京东的个性化营销

本书主要关注的并非京东的平台型网络零售业务，而是京东的商人型网络零售业务。京东既是混合型网络零售企业，又是我国最大的商人型网络零售企业。在网络零售中，消费者想要从无限的商品信息中找到自己真正需要的商品实际上并非易事。那么京东又是如何做到将900万种自营商品与4.72亿活跃消费者的个性化需求进行高效匹配的呢？

一、绘制消费者画像

京东要想实现为每位消费者提供个性化的营销推广方案并推荐最适合于该消费者的商品，就必须对每一位消费者进行整体上的把握，也就是绘制消费者画像。

京东设立了独立的大数据部门，并且每天可以从企业内部及合作伙伴那里收集到各种类型的数据。其中，消费者的线上、线下支付记录及在网站内的浏览路径可以充分反映其购买偏好和生活习惯。通过对一系列与消费者相关常规数据及非常规数据的分析处理，京东可以为每位消费者描绘一幅极为生动的消费者画像。具体而言，京东可以根据消费者画像来预测消费者的实际需求。在此基础之上，京东可以向消费者提供个性化的营销推广方案并大大提高交易的成功率。

消费者画像主要基于三个维度绘制而成。第一个维度是消费者的个人信息。消费者在京东购物前需要注册账号并填写自己的姓名、性别、出生日期、地址、电话等个人信息。第二个维度是消费者的购买数据。消费者什么时候买了什么商品、购买商品的频率是多少、购买什么价位的商品、购买商品后留下怎样的评价、购买的商品退货频率高低等数据都会被系统详细记录。第三个维度是浏览路径。通过分析消费者在浏览京东网站时经常搜索哪些商品、哪些商品是搜到后立刻购买、哪些商品搜索了几次都不买、在某一特定商品的页面停留了多长时间等数据可以预测消费者的兴趣爱好和近期购买意愿。

在收集与处理以上三类数据的基础上，京东可以为每一位消费者贴上多样且具体的标签。图6-8展示了京东绘制的消费者画像。通常情况下，京东会从基本属性、消费水平、购买行为特征、社会关系、兴趣爱好等角度绘制消费者画像。

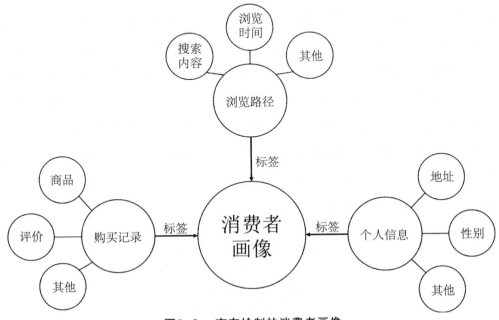

图6-8　京东绘制的消费者画像

京东给每一位消费者贴的标签平均高达3000条。需要注意的是，每一幅消费者画像上的标签数量和内容都不是固定不变的。例如，对于新注册的消费者而言，由于没有可处理的既有数据，因此他们身上的标签数量可能为零。随着对消费者浏览路径的实时分析与处理，他们身上的标签内容会越来越具体，数据也会越来越多。另外，由于在不同的时间段内消费者的兴趣和需求会发生变化，因此消费者身上的标签内容及标签的权重也是动态调整的。

二、基于消费者画像的个性化营销

需要注意的是，本书中的个性化营销主要指的是消费者登录网站后开展的营销推广活动，而不是关注如何把消费者吸引到自家网站上来。京东通过绘制消费者画像能够识别出消费者的个性化需求，从而进行低成本、高效率的个性化营销活动。为了增加消费者的购买频率和交易总额，京东还期待可以借助个性化营销来促成消费者的关联购买和重复购买。

要想实现个性化营销，除了消费者画像以外，绘制详细的商品画像也是必不可少的。京东主要根据商品的自身属性、受关注度及销售情况这三个维度来给商品贴标签。商品的自身属性指的是品牌、尺寸、风格、材质等。而商品的受关注度主要由消费者浏览商品页面的次数、停留时间等来体现。另外，商品的销售情况主要反映的是商品在一定时期内的交易额、推广活动、退货比例等。有时候消费者并不会直接搜索具体的商品名称，而是搜索类似"送给妈妈的礼物""送给老人的椅子"等关键词。京东会利用大数据技术来处理消费者对商品的大量评价，并根据评价中经常出现的关键词给对应商品贴标签。具体而言，当某件商品的评价中频繁出现"妈妈很喜欢""妈妈经常使用"等词条时，大数据系统就会给该商品贴上类似"妈妈的礼物"的标签。图6-9展示了京东绘制的商品画像。

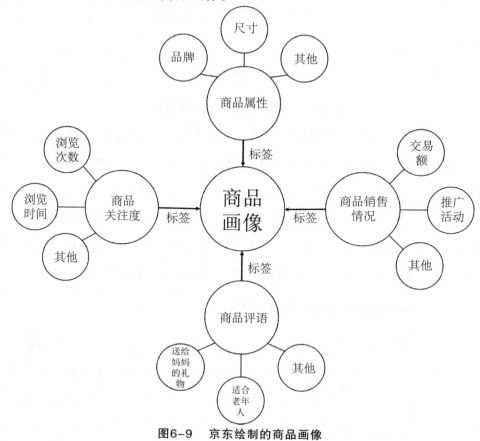

图6-9　京东绘制的商品画像

笔者把网络零售企业将消费者画像与商品画像进行匹配并为消费者提供最恰当商品的过程称为个性化营销。图6-10展示了京东的个性化营销流程。消费者浏览京东网站后的购物路径主要可以分为三种：第一，消费者仅是为了打发时间而登录京东网站，而没有明确的购买目的。这时候，京东不仅可以根据消费者浏览过的商品和购买过的商品来推荐关联商品，而且可以通过将消费者画像与商品画像进行实时匹配来展示个性化的商品组合页面。第二，消费者有相对明确的购买目的，但由于并不清楚具体的品牌、颜色、尺寸等信息而往往会选择输入模糊的关键词来进行搜索。在这种情况下，京东会结合数据库里的商品画像大范围缩小页面展示的商品组合范围，并根据已掌握的消费者画像锁定价格区间。第三，有些消费者是带着明确的目的登录网站的，他们会事先确定好自己要买的商品品牌、颜色、尺寸和价格等信息。当然，消费者画像与商品画像的高速匹配可以帮助消费者更高效地发现心仪商品。

当消费者在网站主页点击感兴趣的商品后就可以进入该商品的专门页面。在商品的专门页面中，除了商品本身外，还可以根据大数据系统内的消费者画像和商品画像在其下方展示相似商品及关联商品。另外，还有一些消费者并不会直接订购想要购买的商品，而是选择先将其放入购物车后再继续浏览其他商品。为了扩大消费者的购买总额，京东同样可以根据消费者画像和商品画像在购物车的页面展示与购物车内商品相似的商品及关联商品。

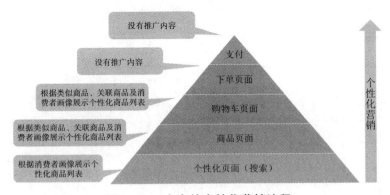

图6-10 京东的个性化营销流程

当进入订单确认和支付流程时，页面会明显变得简洁明快。原因就在于消费者在确认订单内容或者支付时，如果看到其他的推荐商品的话，就很有可能放弃已经选中的商品。很显然，这将严重影响交易的成功率，也是京东不愿意看到的。

　　网络零售的快速发展和商品信息的迅速膨胀使消费者必然会面对在无限的商品中寻找符合自己需求商品的困境。近年来，伴随着消费者对个性化商品需求的不断增强，如果网络零售企业无法精确掌握消费者的购买行为和生活习惯的话，商品的销售将面临极大挑战。为了解决这一难题，京东通过绘制消费者画像与商品画像，打造了"千人千面"的个性化营销系统。具体而言，就是将贴在每位消费者身上的标签与贴在各类商品上的标签进行匹配，在恰当的时间将恰当的商品推荐给恰当的消费者。同时，在大数据和京东云的支持下，这套个性化营销系统可以做到数据的实时采集与处理。京东将基于消费者的浏览路径动态来调整消费者画像并不断提升个性化营销的精准度。

第六节　京东的自建物流体系

与实体零售企业相比，网络零售企业除了要组织库存管理、干线运输等传统物流活动，还要组织订单处理及配送等全新的物流活动。与此同时，网络零售中商品组合的多样性及消费者的分散性对订单处理和配送的高效运行提出了巨大挑战。具体而言，网络零售企业如果无法保证订单处理和配送的效率，那么消费者的等待时间就会随之延长，等待过程中的心理费用也会随之增加，这可能会导致一部分消费者因此而直接放弃网络零售购物。本节将分析京东执行物品转移功能的具体样式，并围绕京东的订单处理和配送活动展开讨论。

表 6-2 展示了京东自建物流体系的发展历程。正如本章第一节所讨论的那样，京东发展自建物流体系离不开巨额的外部投资。

表 6-2　京东自建物流体系发展历程

时间	自建物流体系的进程
2007 年	・在北京、上海、广州自建仓储设施与配送团队
2009 年	・在上海建立自己的配送企业
2010 年	・在成都成立西南子公司，以华北、华东、华南、西南四个物流中心为核心，提高商品配送便利性 ・开始提供"211 限时达"服务
2011 年	・为消费者提供货物跟踪服务 ・自建物流体系处理的货物超过 1 亿件
2012 年	・建立自己的干线运输车队 ・为开店者提供物流服务
2013 年	・开始提供"夜间送""极速达"等配送服务 ・开始配置自助存储柜 ・自建物流体系服务范围超过 1000 个县
2014 年	・开始在上海运营智能化物流中心"亚洲一号"
2016 年	・成立"X 事业部"，开发无人化的物流技术
2017 年	・成立京东物流集团，开始向社会提供物流服务 ・启用世界上第一个无人值守仓库
2018 年	・开始提供面向个人用户的配送服务 ・自建物流体系服务范围超过 2000 个县
2019 年	・自建物流体系的服务范围覆盖全国
2020 年	・在全国运营"亚洲一号"32 家 ・在全国运营 900 个仓储设施，建筑面积为 1470 万平方米 ・参与订单处理和配送的工作人员数量超过 23 万人

在网络零售业务的发展初期，京东主要依靠租用的仓储设施来组织订单处理活动，并将配送活动外包给专业化的第三方物流企业，但随之而来的就是物流服务问题频发。当时，京东销售的3C产品具有单价较高、体积较小的特点，导致因第三方物流企业管理不当而货品被盗或丢失事件时有发生。为了解决这一问题，京东决定打造集订单处理与配送于一体的自建物流体系。

一、加快订单处理速度

本节的案例分析将订单处理活动的内容限定为"从消费者在京东支付订单款项开始到商品打包完成并准备好从仓储设施发出的一系列操作"。需要注意的是，除了仓储设施内组织的一系列订单处理活动外，仓储设施的地理分布也将直接影响到物流服务的整体水平，因此本书将仓储设施的规划与设置也当作订单处理活动不可或缺的一部分。

京东的仓储设施主要可以分为三个级别：第一级是核心物流中心；第二级是主要物流中心；第三级是地方物流中心。截至2020年，京东共运营了900多座仓库，另有与第三方仓库所有者合作的云仓1400多个，仓库网络几乎可以覆盖我国所有区县。

表6-3展示了京东核心物流中心的分布及服务范围。京东在北京、上海、广州、成都、武汉、沈阳、西安、德州这些人口众多的城市设置了核心物流中心。核心物流中心的覆盖范围一般比较大，可以为周围多个省份提供物流服务。从地理空间上来看，京东核心物流中心在我国的"东、西、南、北、中"均有分布，物流服务的范围已经基本覆盖全国。通常情况下，京东会将商品从核心物流中心发往消费者所在省份，然后通过各省的配送站发往最终目的地。虽然核心物流中心可以为周边城市提供健全的物流服务，但毕竟覆盖范围有限，一些住在距离核心物流中心较远城市的消费者依然可能会遇到支付货款后无法及时收到商品的情况。为了解决这一问题，京东在昆明、南宁、大连、厦门、海口等城市均设有主要物流中心。虽然主要物流中心的规模要小于核心物流中心且库存数量也较少，但仍可以通过缩短与消费者之间的距离的方法来缩短配送的时间。通过对大数据的灵活应用，京东可以动态调整主要物流

中心内的商品组合种类和数量，从而更好地满足消费者的日常需求。此外，通过在中小城市建立地方物流中心，京东可以将自营商品存放在离消费者更近的地方，同时也实现了订单处理活动的分散化。

表6-3 京东核心物流中心的分布及服务范围

核心物流中心	服务范围
北京物流中心	北京、天津、河北、山西、内蒙古、山东
上海物流中心	江苏、浙江、上海、安徽
广州物流中心	广东、广西、福建、海南
成都物流中心	四川、重庆、贵州、云南、西藏
武汉物流中心	湖北、湖南、江西、河南
沈阳物流中心	辽宁、吉林、黑龙江
西安物流中心	陕西、甘肃、青海、宁夏、新疆
德州物流中心	河南、河北、山东、江苏

除了仓储设施的分布之外，仓储设施的智能化进一步提高了订单处理的效率。图6-11展示了京东组织的订单处理活动流程。首先，消费者支付货款后京东会确认收款并开始进行订单处理。在消费者下单前京东就会结合消费者的收货地址来搜索商品的库存情况并决定由哪一个仓储设施来组织订单处理。其次，工作人员需要进行拣货并确认商品与消费者的订单是否一致。尤其是当消费者的订单中涵盖多个品类的商品时，检查工作就更加必不可少。当确认订单的内容与拣选的商品一致后京东便会开具发票并与商品一同打包。最后，京东需要在发货前按照最终目的地对商品进行分拣，当分拣好的商品被运送到仓储设施的出发口等待运输则标志着订单处理活动结束。

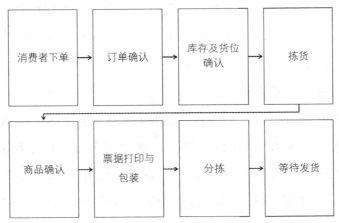

图6-11 订单处理流程

仅靠增加劳动力无法满足日益增长的订单量的高效处理，只有实现仓储设施的智能化才是唯一解决方法。而最能够代表京东的智能化仓储设施的就是"亚洲一号"。

2014 年，京东的首座大型智能化仓储设施"亚洲一号"在上海投入运营。截至 2020 年，京东在全国一共运营了 32 座"亚洲一号"。"亚洲一号"的订单处理流程与普通仓储设施相同，但通过对智能化设备的广泛应用进一步提高了订单处理的准确性与时效性。例如，2019 年在西安启用的"亚洲一号"建筑面积为 30 万平方米。除了控制室以外，在设施内几乎看不到工作人员的身影。一系列先进的智能化设备让西安"亚洲一号"一天可以处理多达 50 万个订单。具体而言，京东通过运用大数据、云计算、人工智能、物联网等底层技术，自主研发了 AGV 机器人（智能搬运机器人）、拣选机器人、智能运输带等智能化设备。当消费者下单并完成支付后，机器人会自动从无人仓拣货并将商品放到智能运输带上。由于每件商品都贴有条形码，所以商品的数量检查和包装也完全可以由机器人代为处理。包装好的商品会被放到智能运输带或 AGV 机器人上，并由它们送往最终集货区。

二、配送服务进化

京东曾以销售 3C 产品为核心竞争力顺利进军网络零售市场，但从消费者的评价来看，超过一半的投诉与物流服务质量高度关联。最初，京东将配送活动外包给了专业化的物流企业。当时面向个人的快递配送业务在我国属于一个新兴产业，存在许多不完善的地方。为了解决这个问题，京东决定建立自己的配送网络。那时，自建仓储设施的网络零售企业很多，但自建配送网络的零售企业却少之又少。

京东于 2007 年在北京、上海、广州组织了小范围的配送活动并取得了成功。2009 年，京东在上海成立了独立的配送子公司，从此开始了建设全国性配送网络的征程。截至 2020 年，京东在全国设置了 7280 个配送站并雇用了逾 19 万名正式在职的配送员。这些配送站与遍布全国的 1000 多个仓储设施（自建仓储设施和第三方仓储设施）共同构建了一个高效的网络零售配送网络。这样一来，京东可以为消费者提供表 6-4 中罗列的各式各样的配送服务，这进一步巩固了其在网络零售行业中的竞争优势。

表 6-4　京东配送服务

配送类型	配送服务	收费情况
211 限时达	·早上 11 点前的订单当天到，晚上 11 点前的订单第二天上午到 ·占自营商品六成	免费
次日达	·不仅是大城市，中小城市的商品也会在第二天到达 ·占公司自营商品的九成	免费
隔日达	·几乎所有自营商品隔日即可到达	免费
夜间配送	·以北京、上海、成都、广州、武汉等京东快递配送可覆盖的范围为主，部分商品在 19:00~22:00 时段配送	免费
京准达	·指定时间货物可以到达 ·部分城市货物半小时可以到达	收费
配送站	·如果配送时间与消费者的情况不符，可以将商品送到附近的配送站，消费者自取	免费
储物柜	·24 小时自助服务	免费

从 2010 年开始，京东开发了网络零售行业中的首个速递服务——"211 限时达"。如果消费者在早上 11 点前完成支付的话当天就可以收到商品。如果消费者在晚上 11 点前完成支付则第二天就可以收到商品。当时，消费者在网上购物所需的等待配送时间为 3~7 天，"211 限时达"配送服务的开发帮助京东奠定了"送货快"的形象，并成功吸引了众多消费者的关注。截至 2020 年，六成的京东在售自营商品可以实现"211 限时达"。需要注意的是，"211 限时达"服务仅限于自营商品，且仅可以为距离各级仓储设施较近的消费者提供该服务。即便如此，在中小城市和农村，自营商品仍可以通过"次日达"或"隔日达"的方式配送到消费者手中。从全国范围来看，京东的配送服务已经显著领先于行业的平均水平。

此外，为了满足消费者的个性化配送需求，京东还在北京、上海和大部分省会城市开通了"夜间配送"服务。通常情况下，大部分第三方配送企业在 19:00 ~ 22:00 的时候早已下班，京东则利用自有仓储设施和配送员的优势进一步拓展了自己的配送服务内容。另外，京东还在人口集中的大城市中心区域提供了名为"京准达"的 30 分钟限时配送服务。这一措施进一步强化了京东"送货快"的形象。需要注意的是，密集分布的仓储设施是京东能够提供"夜间配送"和"京准达"等配送服务的前提。

三、物流技术开发

京东在技术开发上投入了大量的资金，仅 2020 年技术开发成本就超过了 161 亿元。先进的物流技术为京东组织高效的订单处理与配送活动提供了保障。本节所讨论的物流技术主要是指智能化设备的开发及物流活动中大数据的收集、处理与应用。京东将其称为"智慧物流"。

（一）智能化设备的开发

2016 年，京东成立了名为"X 事业部"的新部门，主要以实现物流活动的无人化为目标开发智能化的物流设备。具体而言，智能化物流设备的开发主要包括仓储设施设备的开发与配送设备的开发。京东通过对 AGV 机器人、拣货机器人、智能运输带等智能化仓储设施设备的开发大大提高了订单处理的效率。然而在开始订单处理之前，京东必须先从供应商那里采购商品并将它们整理到仓储设施的货架上。京东在"亚洲一号"的内部配置了大量的智能化立体存储设备。当不同类型的商品进入后可被自动搬运至预定货架。这样一来，不仅可以缩减劳动力成本，而且可以将商品入库的效率提升至普通仓储设施的 3 倍。

在配送设备方面，京东围绕无人配送车辆、无人配送飞机开展了大量的技术研发工作。京东自 2016 年起就尝试推出了无人配送服务，但由于政策、道路限制等原因，无人配送车辆提供的配送服务至今仍无法大范围推广。尽管如此，为了实现降本增效并巩固自建物流体系的综合竞争力，京东仍然在无人配送的研发领域投入了大量的人力与物力。

与无人配送车辆一样，早在 2016 年京东就开始研发无人配送飞机，但至今尚未实现大规模使用。我国境内多山，特别是许多农村地区陆上交通十分不便，京东要想进一步扩大自己的销售规模就必须下大力气解决农村地区的配送问题。这也意味着对京东而言，加强无人配送飞机技术的研发仍然具有巨大的市场潜力。

二、大数据的应用

前文讨论的订单处理及配送等物流活动与大数据的收集、处理、应用是密不可分的。2016 年，京东的大数据部门成立了"Y 事业部"，该部门主要围绕大数据与人工智能开展技术研究，力求进一步提升自建物流体系的运行效率。

在组织订单处理活动时，京东可以依靠大数据与人工智能来提前预测商品的销售情况。需要注意的是，京东能够预测的并不仅是商品的需求量，还可以预测什么地区的消费者在什么时候需要什么样的商品等详细内容。这样一来，京东就可以在消费者下单前将商品提前运送到离消费者较近的仓储设施，并为组织订单处理活动做好前期准备。另外，通过对大数据的分析，京东还可以预测未来什么地区的消费者需求将会增加，并以此判断应该在什么地区建设什么类型的仓储设施才能实现自建物流体系的效率最大化。

在组织配送活动时，京东会为配送员配备终端通信设备并通过该设备实时下达最新的配送指令。具体而言，京东可以在充分掌握配送车辆位置、停车时间、送件时间、配送员与消费者见面时间等内部数据及天气、交通拥堵情况等外部数据的基础上，利用大数据技术为配送员规划最优的配送路线。

第七节　京东组织的流通活动

通过对本章内容的讨论，我国最大的商人型网络零售企业京东[1]所组织的流通活动可以总结如下。

一、商品组合形成

京东在创业之初充分利用在实体零售业务中积累的销售经验和供应链资源，开展以 3C 产品为核心的商人型网络零售业务，也可以说是形成了专业性的商品组合。随着互联网的普及，网络零售企业的数量不断增加，消费者的需求也变得越来越多样化。京东在意识到专业性商品组合的竞争优势将无法持续时，便加大了日常用品类商品组合的销售力度，也就是说形成了综合性的商品组合。但作为商人型网络零售企业，京东需要从供应商处采购商品并对其进行库存管理。由于受到仓储设施等物流体系的影响，京东仅依靠自身条件来形成综合性商品组合的局限性也越发突出。为了解决这一问题，京东在其运营的商人型网站上增设了网络零售平台功能。也就是说，现在的京东实际上是一家混合型网络零售企业。这样一来，京东的网站便可以为消费者提供真正意义上的综合性商品组合。此外，京东可以通过开展混合型网络零售业务获得商品的进货、促销、评价等各类数据。利用大数据技术，京东既可以实现丰富的商品组合信息与消费者需求信息的高效匹配，又可以与优质供应商合作开发出一系列具有显著竞争优势的自有品牌商品。

二、信任构筑

因为无须进行面对面的交易，所以与传统的实体零售企业相比，网络零售企业给消费者带来的信任程度长期处于一个比较低的水平。京东组织的信任构筑活动主要包含以下几个方面：第一，京东通过正品保证、开具发票、延长保修期等方式使自营商品给消费者带来了较强的信任感。第二，由京东

---

[1] 自 2010 年起京东开始运营网络零售平台，从商人型网络零售企业转变为混合型网络零售企业。本书关注京东在销售自营商品的过程组织了哪些流通活动，为了便于讨论依然将京东称为商人型网络零售企业。

自己开发的在线支付服务及自建物流体系对增强消费者的信任感起到了极为积极的作用。第三，消费者通过完善的评价系统除了可以实时确认卖方的促销信息外，还可以确认之前消费者对商品的评价。因此，即使缺少实物确认环节，消费者依然可以判断该商品是否可信。第四，虽然运营 24 小时全年无休的客服中心需要耗费大量资金和人力，但即时回应关于商品的询问和投诉会给消费者带来极强的信任感。第五，京东在开通网络零售平台功能后，虽然其网站上的商品组合得到了极大丰富，但开店者销售的商品质量也在很大程度上影响着京东的可信度。为了提高网站的整体可信度，京东不仅设定了严格的开店条件，还对开店者的经营行为进行实时监督。

三、网站运营

由于京东没有开设传统店铺，因此吸引更多的消费者浏览网站是京东顺利开展网络零售业务的前提。换言之，如果京东无法维持自己知名度的话，在竞争激烈的网络零售世界中就很容易被消费者遗忘。京东组织的网站运营活动主要包含以下几个方面：第一，京东在创业初期主要采取赞助体育赛事，以及通过电视、户外招牌、公交地铁等传统媒体开展广告宣传的方式树立了"3C 产品的专业人士"和"多快好省"的企业形象。这些都帮助京东在短时间内吸引了大量新消费者浏览其网站。第二，随着在线广告技术的发展，京东花费了大量资金在大型网站上投放广告。与传统广告相比，投放在线广告意味着可以自动收集和处理消费者的浏览时间、浏览次数等数据。通过对这些数据的分析可以使网站运营的精准度更上一层楼。第三，虽然京东是我国最大的商人型网络零售企业，但它不可能凭一己之力就接触到全国的消费者。为了在竞争激烈的网络零售市场中吸引更多消费者浏览自家网站，京东与我国的 IT 企业腾讯开展了战略合作。这一举措让超过 12 亿的微信用户成为京东的潜在消费者。第四，京东通过频繁开展促销活动的方式来激励超过 4.72 亿活跃消费者的重复购买行为。

四、大数据收集与处理

京东收集到的数据分为内部数据和外部数据。首先，作为商人型网络零售企业，京东可以实时自动记录商品从采购到销售流通过程中的所有数据。这种从自己的网站和自建物流体系收集到的数据便是内部数据。其次，京东还通过与大型 IT 公司腾讯的合作来收集社交媒体用户的购买行为和生活习惯等数据。从合作对象处收集到的数据便是外部数据。另外，对于京东这样的网络零售企业而言，掌握先进的互联网信息技术是企业参与市场竞争的核心竞争力。面对海量的数据，京东专门设置了独立的大数据部门并提供了名为"京东云"的大数据服务，它将为集团内各机构所需的大数据收集与处理提供全方位的技术支持。

五、个性化营销

通过对大数据的灵活运用，京东可以实时收集与处理消费者的个人信息、购物记录和浏览路径。在此基础之上，京东可以为每一位消费者描绘出一幅独一无二的消费者画像。另外，作为全国最大的商人型网络零售企业，所有自营商品都是由京东自己采购并销售的。[1] 通过对商品属性、关注度、销售情况及消费者对商品的评价进行数据分析，京东还可以为自营商品描绘出相应的商品画像。京东的个性化营销主要是通过将消费者画像与商品画像进行高效匹配来实现的。

六、订单处理

作为商人型网络零售企业，京东需要将自营商品从仓储设施转移到消费者手中。当消费者完成货款支付后，将商品由在库状态转变为待发货状态的一系列物流活动就是订单处理。对于消费者而言，等待商品到货的时间等于订单处理时间加配送时间。等待到货的时间越长，消费者的心理费用也就越高。为了缩短订单处理的时间，京东在仓储设施的选址和智能化方面做了很大的努力。在仓储设施选址方面，京东通过设置三级物流中心将自营商品尽量存放在离消费者较近的地方，这样便可以大幅缩短商品的运输距离并减少运输时间。在仓储设施智能化方面，京东开发了以"亚洲一号"为代表的智

---

[1] 本书主要关注京东自营商品的个性化营销活动，网络零售平台上由开店者所售商品的个性化营销活动不在本书的讨论范围。

能化仓储设施。仓储设施的智能化在提升订单处理效率的同时也意味着缩短了消费者等待到货的时间。

七、配送

京东作为一家网络零售企业不仅建立起了一张覆盖全国的配送网络，而且在全国设置了 7280 个配送站并雇用逾 19 万名全职配送员。[1] 如此一来，京东不仅可以为消费者提供形式多样的配送服务，还可以大幅缩短配送的时间。另外，为了进一步实现配送活动的降本增效，京东还积极运用大数据、人工智能等信息技术大力研发智能化配送设备。

表 6-5 是对以上讨论内容的汇总。

表 6-5　京东组织的流通活动

流通活动	具体内容
商品组合形成	·形成专业性商品组合 ·形成综合性商品组合 ·运营网络零售平台 ·开发自有品牌商品
信任构筑	·销售自营商品 ·自建支付服务 ·自建物流体系 ·完善评价体系 ·自建客服中心 ·对开店者的监管
网站运营	·传统广告 ·在线广告 ·与其他公司合作 ·促销活动
大数据收集与处理	·收集内部数据 ·收集外部数据 ·开发京东云
个性化营销	·绘制消费者画像 ·绘制商品画像 ·匹配消费者画像与商品画像
订单处理	·仓储设施的规划与设置 ·智能化仓储设施
配送	·配送网络建设 ·配送设施的设置 ·多种多样的配送服务 ·智能化配送

[1] 编者注：数据截至 2020 年年底。

第七章 阿里巴巴开展的网络零售

网络零售企业组织的各项流通活动主要是为了执行所有权转移、物品转移与信息传递等流通功能。由于我国的网络零售交易环境还有很多不完善之处，要想弥补网络零售中流通功能的不完备及运营主体的不足，就必须打造一系列可以支撑网络零售健康、可持续发展的基础设施。

阿里巴巴运营着"淘宝网"和"天猫商城"两大网络零售平台。1999年，阿里巴巴在杭州正式成立并推出了面向中小企业的B2B电子商务服务平台中国交易市场（现称"1688"）和英文全球批发贸易市场阿里巴巴。2001年，日本软银公司决定向阿里巴巴投资2000万美元，结果证明这是一次非常成功的投资。2003年，阿里巴巴开始运营C2C网络零售平台淘宝网，且不向开店者收取任何开店费或手续费。这也意味着阿里巴巴与当时国内最大的网络零售平台易贝展开了正面竞争。2004年，阿里巴巴不仅开发出让开店者与消费者可以实现即时聊天的"阿里旺旺"，还推出在线支付服务——支付宝。2007年，阿里巴巴提供的名为"阿里妈妈"的营销推广平台为广大开店者提供了一个完善的在线营销方案系统。2008年，阿里巴巴开始运营B2C网络零售平台淘宝网商城（2011年从淘宝网独立出来，2012年改名为天猫），这一举措极大地促进了阿里巴巴网络零售业务的快速增长。2009年，阿里巴巴成立了名为"阿里云计算"的信息技术部门。同年，阿里巴巴首次举行"双十一"促销活动并获得成功，该活动在网络零售市场的影响力一直延续至今。2013年，阿里巴巴与多家大型配送企业合作共同打造了名为"菜鸟网络"的物流系统。2014年，阿里巴巴赴纽约证券交易所上市。随后先后参股或收购高德地图、飞猪、阿里音乐、苏宁电器、优酷土豆等企业，此举反映出阿里巴巴朝着多元化方向发展的趋势。从2016年开始，阿里巴巴以东南亚为中心大力发展海外市场的网络零售业务。2020年，阿里巴巴的交易总额突破了1万亿美元。

2020年，阿里巴巴在国内运营的网络零售平台（淘宝网、天猫商城）总交易额为 6.58 万亿元，占全国网络零售市场的 56%。[1] 值得注意的是，阿里巴巴以网络零售业务为核心，在网络批发、金融服务（支付宝）、广告服务（阿里妈妈）、信息技术服务（大数据、阿里云计算、阿里达摩院）、互联网服务（互联网基础设施）、物流服务（菜鸟网络）、数字媒体及娱乐（新浪微博、优酷土豆、阿里音乐）、生活服务（高德地图、飞猪）等领域综合发展。通过这一举措，阿里巴巴为消费者和各类企业建立起一套完善的网络交易生态体系，并以流通行业革新者的身份长期占据我国网络零售市场一半以上的份额。

图 7-1 展示了 2020 年阿里巴巴的收入构成。2020 年，阿里巴巴的网络零售、网络批发、跨境电商等核心商业收入为 4361.04 亿元，占总收入的 85.56%。其中以淘宝网和天猫商城为代表的国内网络零售的总收入约为 3327.50 亿元，占总收入的 65.28%。由此可以明确，平台销售是阿里巴巴的核心业务。

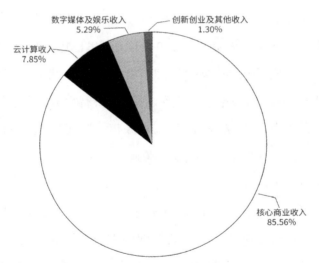

图 7-1　2020 年阿里巴巴的收入构成
（资料来源：阿里巴巴 2020 年度报告）

阿里巴巴以 C2C 网络零售平台淘宝网为起点，迅速成长为我国最大的网络零售业务集团。那么阿里巴巴是怎么成功的？以运营平台型网站为中心的阿里巴巴作为网络零售企业执行了哪些流通功能？另外，阿里巴巴并不直接销售任何商品，而是通过与开店者及物流企业的合作方式为消费者提供网络

---

[1] 笔者根据阿里巴巴年度报告和中国国家统计局数据计算。

零售服务，那么从商品组合形成、信任构筑、网站运营、大数据收集与处理、个性化营销、订单处理、配送这七项流通活动来看，阿里巴巴又是如何执行网络零售流通功能的呢？

第一节　阿里巴巴的商品组合形成

本节将讨论阿里巴巴运营的网络零售平台内的商品组合是怎样形成的。

一、淘宝网的登场与天猫商城的快速发展

由阿里巴巴运营的淘宝网和天猫商城并不会直接采购商品然后转售给消费者，而是帮助开店者将他们的商品销售给消费者，这就是所谓的网络零售平台。

淘宝网是阿里巴巴为了与当时全球最大的 C2C 网络零售企业易贝争夺国内市场而建立的 C2C 网络零售平台。经营 B2B 网络批发平台的阿里巴巴之所以会将易贝设定为竞争对手的主要原因就在于，阿里巴巴担心易贝在不久的将来会以 C2C 网络零售平台为基础将业务拓展至 B2B 网络批发平台，从而威胁到阿里巴巴在国内的市场地位。淘宝网在运营之初就为开店者提供了至少三年内免收开店费和手续费的政策。由此，登录淘宝网的开店者和消费者在短时间内都实现了快速增长。截至 2006 年，淘宝网的注册消费者数超过 3000 万人，交易额突破 169 亿元，比 2005 年增长了 111.25%。成立仅仅不到三年，淘宝网就超越易贝登上了我国 C2C 网络零售第一的宝座。

天猫商城是在淘宝网的基础上发展而来的。淘宝网经营属于 C2C 模式，即个人与个人之间的电子商务平台。由于无法完全掌控开店者的销售过程，欺诈、假冒伪劣等问题时有发生。2008 年，淘宝商城正式登场，并于 2012 年改名为天猫商城。为了弥补淘宝网的不足，天猫商城不再向个人开店者提供网络零售平台服务而转向主要招募大型实体零售企业和全球知名品牌商到自己的平台开店，即 B2C 网络零售平台。此举的目的主要是为消费者提供高品质的商品和服务。由此，集聚了大量知名零售企业的天猫商城的交易总额

实现快速增长。截至 2019 年，天猫商城的交易额占我国 B2C 网络零售市场整体的 50.1%。[1]

二、阿里巴巴的商品组合形成

阿里巴巴的网络零售平台在为各类型开店者提供商机的同时，也为消费者创造了一个可以自由选择商品组合的购物环境。截至 2020 年，淘宝网的网络店铺数量近 1000 万，天猫商城的网络店铺数量也近 50 万。虽然淘宝网和天猫商城是相对独立的，但消费者可以通过淘宝网直接搜索并购买到天猫商城上的商品。[2] 此外，由于开店者无须开设传统店铺，因此从理论上来讲，世界各地的开店者都可以通过淘宝网和天猫商城向中国乃至世界各地的消费者销售商品。这也就是所谓的"买全球、卖全球"。

表 7-1 展示了淘宝网与天猫商城的商品组合形成。从表 7-1 可以看出，淘宝网与天猫商城的商品组合跨度非常广。[3] 其中，服装类商品交易额居网络零售市场前列。根据 Analysys 易观（2017）的统计，仅天猫商城服装类商品的交易额就占到了整个 B2C 网络零售市场的八成以上。

表 7-1　淘宝网与天猫商城的商品组合形成（截至 2020 年 8 月）

序号	商品组成
①	女装、内衣、起居服
②	女鞋、男鞋
③	包、旅行箱
④	婴儿用品、婴儿服装、玩具
⑤	男装、户外用品
⑥	化妆品、个人护理用品
⑦	手机、数码产品、电脑和办公用品、业务用品
⑧	家用电器
⑨	零食、生鲜食品、茶、酒
⑩	厨房用品、收纳用品、清洁用品
⑪	纺织品、生活用品、鲜花
⑫	图书、影音制品、文具
⑬	药品、营养食品、进口商品
⑭	汽车、私家车用品
⑮	房地产、家具、建筑材料
⑯	手表、眼镜、珠宝

资料来源：淘宝网与天猫商城网站。

---

[1]《2019 年度中国网络零售市场数据监测报告》。

[2] 通过淘宝网可以直接搜索天猫商城的商品。从 2022 年 1 月起，淘宝网和天猫商城业务正式合并。

[3] 商品组合的构成与分类方式会随着实际销售情况动态调整。

（一）阿里巴巴的平台战略

阿里巴巴在虚拟空间内为开店者和消费者创造了一个交易的场所，即淘宝网和天猫商城。阿里巴巴的平台战略指的是，让开店者和消费者登录网络零售平台并产生间接网络效应。不仅是阿里巴巴，实际上全球众多 IT 公司的成功都源自对平台化战略的灵活应用。

图 7-2 展示了阿里巴巴平台战略与商品组合形成的关系。最初，淘宝网对开店者实行免开店费、免手续费的政策。随之而来的就是开店者的数量在短期内急剧增加，商品组合的内容也逐渐丰富。与此同时，随着商品组合的扩张，使用淘宝网的消费者也变得越来越多。[1]另外，当消费者的数量增加后，会有更多的开店者愿意加入淘宝网平台。这也正是间接网络效应最直接的表现。从理论上来讲，随着开店者数量的不断增多，淘宝网平台内的商品组合可以实现无限扩大。

图 7-2　阿里巴巴平台化战略及商品组合形成的关系

天猫商城采取了和淘宝网一样的平台战略。但为了解决欺诈、假冒伪劣等问题，天猫商城将开店者的范围限定为有一定知名度的品牌企业。由于天猫商城和淘宝网共享用户，因此无论是对于中小品牌企业还是大型品牌企业而言，在天猫商城开店都有巨大的吸引力。

天猫商城内的网络店铺可以分为旗舰店、专卖店和专营店三种类型。它们的区别主要体现在品牌范围和商标资质两个方面。从品牌范围来看，一般情况下旗舰店只卖属于自己的品牌，没有其他品牌的商品。而专卖店是特许经营商，销售的品牌是由品牌所有者授予的，而不是企业本身。专营店可以

---

[1] 到 2020 年，淘宝网和天猫商城活跃消费者在 7 亿以上，详细信息将在本章第三节具体说明。

经营自己的品牌也可以经营其他品牌的商品，最大的特点是只经营同一类别的商品。从商标资质来看，旗舰店必须有国家商标局颁发的商标注册证或商标受理公告，也就是说必须注册商标。专卖店必须有商标所有人提供的商标注册证，且开店者必须提供商标所有人出具的授权证明。专营店经营自己的品牌需要提供国家商标总局颁发的商标注册证或商标受理公告，经营其他公司的品牌必须提供商标所有人出具的授权证明。随着大量的品牌商及其代理商在天猫商城运营网络店铺，阿里巴巴不仅丰富了商品组合的数量，而且提高了商品组合的质量。

（二）阿里巴巴的新品战略

阿里巴巴并不直接向消费者销售商品，但可以收集并分析开店者的销售信息和消费者的购买信息，即大数据。开店者可以通过对大数据的灵活应用开发适合消费者需求的新商品。此外，传统的市场调研主要是通过面对面的消费者访谈来实现的，这导致开发一款新商品需要花费较长的时间。而阿里巴巴掌握着7亿活跃消费者的交易数据，开店者可以利用这些大数据快速对市场上的风吹草动做出响应。天猫商城美容部门负责人指出："新品从开发到销售的周期比平时缩短了数个月。"此外，我国作为"世界工厂"也为新品的快速生产提供了有力保障。

据阿里巴巴营销平台事业部总经理介绍："仅2018年，就有20多万开店者在阿里巴巴的网络零售平台推出了超过5000万款新品。与此同时，通过阿里巴巴网络零售平台销售出去的新品已经超过网络零售市场新品销售总量的七成。通过对大数据的分析可以发现，在阿里巴巴的7亿多活跃消费者中有7500万人热衷于不断推出的新品，而且这7500万人的消费总额占到了新品交易额的六成。"在2019年"双十一"期间，有不少开店者为了配合阿里巴巴的促销活动，集中推出了近百万款新品并实现了可观的销售业绩。由此看来，新品开发战略在阿里巴巴商品组合形成过程中扮演着重要角色。

第二节　阿里巴巴的信任构筑

实施改革开放的 40 多年来，我国的经济规模快速扩大，但"社会信用"的建设步伐稍显缓慢，即便在实体零售中也时常会发生欺诈及假冒伪劣等问题。而在网络零售的世界里，卖方与买方更是处于一种互不相见的状态。在淘宝网刚出现的时候，消费者时常会产生诸如卖方是否真的会按照订单内容配送商品、是否会有假货、运输过程中是否会出现损坏等顾虑。开店者也时常会担心消费者是否会按时支付货款、是否会带货跑路。这种消费者与开店者之间的不信任感严重阻碍了网络零售的发展。阿里巴巴要想经营好网络零售平台就必须为消费者和开店者提供一个安全可靠且能增进双方相互信任的交易机制。需要注意的是，这种信任关系是存在于网络零售平台、消费者及开店者三个主体之间的。那么，阿里巴巴究竟是如何构筑这种信任关系的呢？

一、支付宝的开发与信用体系的完善

在网络零售发展之初，阻碍其快速普及的最大障碍就是交易的安全性。在淘宝网上线一年后，阿里巴巴于 2004 年正式向开店者和消费者免费提供带有第三方担保功能的在线支付服务——支付宝。支付宝通过扮演开店者和消费者之间"信用保证人"的角色来增强网络零售交易的安全性与便利性。总的来说，在阿里巴巴涉足网络零售业务的初期，淘宝网的成功与支付宝的应用密不可分。

经过不断的技术更新与业务调整，现在的支付宝已经不再只是提供简单的网络零售支付服务，而是提供包括公共费用支付、投资信托、保险、信用体系等在内的线上、线下全方位的生活金融服务。截至 2020 年，支付宝的注册人数超过 10 亿，活跃用户超过 7 亿。另外，线上、线下可支持支付宝结算的月度活跃商家也已超过 8000 万。

（一）支付宝的支付机制

支付宝主要具备两大功能，即代理支付和网络交易担保。图 7-3 展示了支付宝的支付和交易担保机制。消费者在订购商品后无须将货款直接支付给开店者，而是暂时存入支付宝。随后，开店者通过支付宝确认消费者已完成货款支付，并将商品打包发往消费者所在地。当消费者收到商品并确认没有问题后，可以点击交易页面上的"确认商品到货"按钮。只有在消费者确认收货后，支付宝才会将货款打给开店者。虽然有一些消费者在收到商品后并不会特意去点击确认按钮，但在商品签收 10 日后支付宝会自动向开店者支付货款。当消费者对购买的商品不满意并需要退货时，经卖方确认后当初支付的货款也可以通过支付宝原路返还。

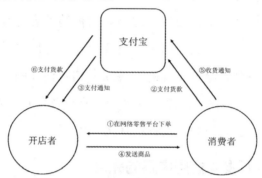

图7-3　支付宝的支付和交易担保机制

此外，为了进一步增强自身的公信力，2005 年支付宝还推出了"你敢付，我敢赔"全额赔付制度。支付宝承诺在消费者使用过程中一旦出现账户被盗便会赔偿全部损失，这一举措给那些没有在线支付经验的消费者吃了一颗定心丸，并打消了他们对网络零售安全性的顾虑。与此同时，开店者也不必再担心商品发出后无法收回货款。

（二）完善消费信用体系

最初，支付宝只是阿里巴巴开发的在线支付平台。2014 年 10 月，阿里巴巴将以支付宝为首的所有金融服务从阿里巴巴集团独立出来，宣布成立蚂蚁金融服务集团（以下简称"蚂蚁金服"）。截至目前，蚂蚁金服提供的金融服务主要包括支付宝、蚂蚁小贷[1]、余额宝[2]、招财宝[3]等。

---

[1] 面向小微企业、网络个体工商户的小额贷款服务。
[2] 在线投资信托存款服务，无论存款金额如何，都比普通银行提供更高的利息。
[3] 运用大数据、云计算对接个体投资者与希望获得贷款的中小企业和个人，为投融资双方提供金融信息的服务。

　　2015 年 1 月,蚂蚁金服结合消费者的各类生活场景构建了名为"芝麻信用"的消费信用体系。具体而言,芝麻信用是一种运用云计算、人工智能及机器学习等技术对大数据进行分析,并以"芝麻积分"来评估消费者信用状况的机制。需要注意的是,阿里巴巴可以收集到的大数据不仅包括支付宝记录的交易信息和支付信息,还包括来自高德地图、飞猪等集团内外多个部门的信息。而在教育部门备案的学历学位、私家车与住房等资产、公共费用缴纳、社会保险、纳税等信息也可以由消费者自行决定是否提供给芝麻信用。

　　图 7-4 展示了芝麻信用中芝麻积分的评估标准。消费者芝麻积分主要是基于守约记录、行为积累、人脉关系、身份证明及资产证明这五项评价标准来计算的。另外,芝麻积分的分值范围为 350~950 分,共分为五个等级。其中, 350~549 分为"较差", 550~599 分为"中等", 600~649 分为"良好", 650~699 分为"优秀", 700~950 分为"极好"。当消费者的芝麻积分上升到一定的数值后,就可以享受先用后付、急速退款等优享服务。

图7-4　芝麻积分的评估标准

　　芝麻信用利用芝麻积分来衡量消费者的信用水平,并不断推进芝麻积分的可视化。芝麻信用体系虽然不具有任何强制力,但它的成功建立可以积极引导消费者履行诚实守信的网络购物行为,并培养日常生活中的契约精神。另外,阿里巴巴和开店者通过对芝麻积分的灵活应用也可以识别出更值得信任的消费者。由此看来,阿里巴巴作为运营网络零售平台的运营者,实际上为消费者、开店者及自身打造了一个可以相互信任的交易环境。

二、即时聊天服务与评价体系

在我国零售市场，长期以来，卖方和买方在进行商品交易的时候都有围绕质量、价格等要素进行讨价还价的习惯。阿里巴巴在充分考虑消费者购物习惯的基础上从 2004 年起开始提供名为"淘宝旺旺"的即时聊天服务，之后又与阿里巴巴贸易通整合，于 2007 年改名为阿里旺旺。利用阿里旺旺，开店者和消费者可以通过交换文字、语音、图像、视频等形式进行沟通。通过增强开店者与消费者之间的直接联系，阿里旺旺进一步增进了二者之间的相互信任。

另外，即使消费者不与开店者直接沟通，照样可以对已购买的商品进行评价并写下自己的购买经历和使用感受。这种反馈机制的建立给后来的消费者提供了不同于广告的购物参考信息，也为阿里巴巴制定完善的开店者评价体系打下了扎实的数据基础。图 7-5 展示了淘宝网的消费评价界面。当消费者在淘宝网上完成货款支付后，系统就会自动弹出对该商品及网络店铺进行评价的界面。对商品的评价主要有三个标准，分别是"好评""中评""差评"。获得"好评"后，该网络店铺可以加 1 个信用积分。在获得"中评"的情况下，网络店铺的信用积分不变。当获得"差评"时，则要扣除网络店铺 1 个信用积分。

图7-5 淘宝网消费评价界面
（资料来源：淘宝网应用程序）

　　表 7-2 展示了淘宝网上的网络店铺信用评分与网络店铺信用等级之间的关系。淘宝网根据网络店铺信用积分的分值将网络店铺的信用等级共分为 20 级。为了便于消费者识别网络店铺的信用等级，淘宝网还在网络店铺页面的顶端设置了醒目标识。消费者可以通过这个标识迅速判断网络店铺的可信度，消费者对信用等级较高的店铺往往表现出更高的购买意愿。而开店者要想获得更多的信用积分就必须提供具有竞争力的商品和服务。阿里巴巴希望通过对这一评价体系的建设来遏制开店者的不诚信行为，并提高网络零售平台的公信力。

表 7-2　淘宝网店铺信用评分与信用等级的关系

等级	网络店铺信用积分	网络店铺信用等级标志
1	4 ～ 10 分	1 个红心
2	11 ～ 40 分	2 个红心
3	41 ～ 90 分	3 个红心
4	91 ～ 150 分	4 个红心
5	151 ～ 250 分	5 个红心
6	251 ～ 500 分	1 个钻
7	501 ～ 1000 分	2 个钻
8	1001 ～ 2000 分	3 个钻
9	2001 ～ 5000 分	4 个钻
10	5001 ～ 10000 分	5 个钻
11	10001 ～ 20000 分	1 个蓝冠
12	20001 ～ 50000 分	2 个蓝冠
13	50001 ～ 100000 分	3 个蓝冠
14	100001 ～ 200000 分	4 个蓝冠
15	200001 ～ 500000 分	5 个蓝冠
16	500001 ～ 1000000 分	1 个金冠
17	1000001 ～ 2000000 分	2 个金冠
18	2000001 ～ 5000000 分	3 个金冠
19	5000001 ～ 10000000 分	4 个金冠
20	10000001 分以上	5 个金冠

　　虽然通过累积信用积分计算出的信用等级可以反映出网络店铺的整体可信任程度，但这种评价方法并不稳定。为了解决这个问题，淘宝网又开发了一套动态更新的评价系统。如图 7-6 所示，除了商品本身以外，物流和开店者的服务也会对网络店铺的可信度产生影响。淘宝网为网络店铺共设置了三个评价项目，分别是"描述相符""服务态度""物流服务"，并为每个评价项目设置了从一星到五星，共五个等级的评价标准。每得到一颗星与其对应评价项目就可以获得 1 分。为了展示网络店铺最新的信用情况，淘宝网仅向

消费者展示网络店铺最近 6 个月的平均得分。这样一来，即使消费者不与开店者直接见面也可以通过阿里巴巴建立的评价体系来判断网络店铺及商品的可信任程度。

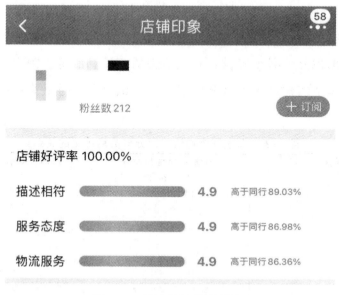

图7-6　淘宝网可视化信任
（资料来源：淘宝网应用程序）

三、对开店者的监管

自 2003 年正式上线起，卖家在淘宝网开店的门槛是很低的。无论是个人还是中小企业都可以很容易地加入该网络零售平台，且不收取任何开店费和手续费。得益于免费开店政策和支付宝的应用，淘宝网在我国网络零售市场迅速崛起。与此同时，假冒伪劣商品的问题也一直影响着阿里巴巴。

阿里巴巴在 2008 年利用淘宝网积累的庞大消费者资源开始运营只有品牌商才能开店的淘宝商城，并于 2012 年改名为天猫商城。与淘宝网不同的是，天猫商城为开店者设置了极为严格的开店条件。首先，天猫商城中网络店铺的运营主体必须是在中国大陆注册的企业[1]。另外，开店者必须提交与拟销售商品相关的营业执照、销售许可证、商标注册证等证件。这样做的目的主要

---

[1] 只要是在中国大陆注册的企业，无论是法人（公司）还是合伙（合伙企业）都可以开店，而在港、澳、台注册的企业则不能开店。但可以与当地经销商或代理运营公司合作，以合作伙伴名义开店。而在中国大陆以外地区注册的企业可以直接在"天猫商城国际"开店。

是尽可能避免平台上出现走私、假冒伪劣等非正规渠道商品，以求增强消费者的信任感。

此外，开店者还需要向天猫商城交纳保证金、软件服务年费和软件服务费。图 7-7 展示了天猫商城的保证金制度。为了保护消费者利益，天猫商城要求开店者事先交纳一定额度的保证金。保证金的金额从 1 万元到 50 万元不等，开店者的商品组合不同，所交纳的保证金金额也不同。由于开店者与消费者之间的交易纠纷时有发生，当部分开店者无法快速回应消费者的诉求时，天猫商城可以根据自己的判断规则先行向消费者支付赔偿金。另外，当开店者在经营的过程中出现违规时，天猫商城也可以从保证金账户内罚扣相应违约金。实施这一措施的主要目的也是提高消费者对天猫商城及开店者的信任度。

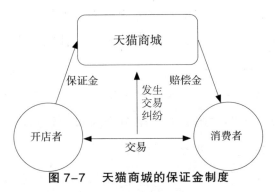

图 7-7 天猫商城的保证金制度

除了以上的一些常规监管手段外，阿里巴巴还会对违反规则的开店者处以严厉的惩罚。具体而言，根据开店者违反规则的具体内容及由此带来的不良影响程度，阿里巴巴可以对其采取停止销售活动、限制网络店铺访问流量等措施。另外，网络店铺的信用等级对于开店者而言是最为重要的无形资产，很多消费者会根据信用等级来判断是否购买该网络店铺内的商品。因此，阿里巴巴也会通过扣除网络店铺信用积分并降低网络店铺信用等级的方式来对违反规则的开店者进行处罚。如果开店者在受到以上处罚后继续违反交易规则，那么阿里巴巴就可能直接关闭其网络店铺或永久禁止该运营主体在网络零售平台开店。需要注意的是，这套开店者监管系统的高效运转得益于阿里巴巴高效的计算机处理技术，该技术不仅可以实现 24 小时不间断的监管，还可以通过自动化大大降低阿里巴巴的运营成本。

第三节 阿里巴巴的网站运营

因为网络零售企业无须开设传统店铺，所以对于任何一家网络零售企业而言，如何才能将更多的消费者吸引至自家网站是一个很大的挑战。这也就是所谓的引流。正如本章第一节所讨论的那样，阿里巴巴运营的网络零售平台可以发挥间接网络效应。淘宝网通过采取免开店费、免手续费的开店政策在短时间内吸引了大批开店者。与此同时，由于开店者提供了丰富的商品组合，所以选择通过淘宝网购物的消费者也相应增多。截至 2006 年，仅 3 年的时间，在淘宝网注册的消费者数量就超过了 3000 万。随后，阿里巴巴又采取围堵策略将现有的淘宝网消费者资源与天猫商城共享，这一举措不仅让天猫商城在短时间内获得了大量活跃消费者，也让阿里巴巴网络零售平台的间接网络效应得到了进一步发挥。

从 2019 年 3 月到 2020 年 3 月，阿里巴巴在我国网络零售市场的活跃消费者达到 7.26 亿人。到了 2021 年，在淘宝网和天猫商城年花费 10000 元以上的消费者超过 1.24 亿人。那么，阿里巴巴究竟是如何在竞争激烈的网络零售市场中组织网站运营活动并维系如此庞大的消费者群体的呢？

一、通过促销活动引流

（一）"双十一"

在我国网络零售市场，每年都会举办几场大型的促销活动，其中影响最大的当数"双十一"，可以说它是我国网络零售市场发展的风向标。图 7-8 展示了 2009—2019 年天猫商城"双十一"交易额的变化情况。2009 年，阿里巴巴首次以天猫商城为中心策划了"双十一"促销活动。虽然当时参与本次活动的只有 27 个品牌，但交易额达到了 0.52 亿元，这充分展示了网络零售促销活动的巨大潜力。从 2019 年 11 月 11 日的 0 点到 24 点，天猫商城的交易额达到了 2684 亿元。根据统计，2019 年"双十一"当天全国的网络零售交易额为 4101 亿元。其中，天猫商城的交易额占整个市场的 65.5%。从这个角度来看，阿里巴巴主导的"双十一"促销活动无论在规模上还是在影响力上，都是首屈一指的。

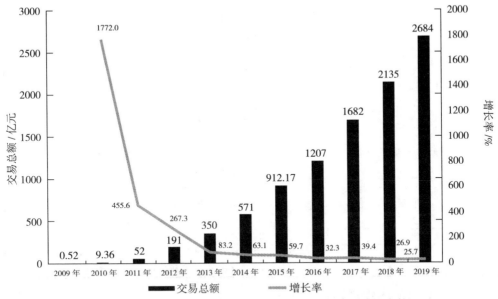

图7-8　2009—2019年天猫商城"双十一"交易额走势
（资料来源：阿里巴巴 2009—2019 年年度报告）

近年来，阿里巴巴将每年 10 月 20 日前后至 11 月 11 日的这段时间打造成为"双十一"促销季。每到这个时候，商品降价、限时打折等促销活动就成为人们生活中的热门话题。通过这种运营方式，阿里巴巴不仅吸引了更多的新注册消费者浏览自家网站，还刺激了现有消费者进行多次浏览和重复购买。表 7-3 展示了 2016 年"双十一"促销季期间天猫商城为了扩大影响力而开展的一系列推广活动。例如，通过派发优惠券、代金券等方式吸引大量消费者浏览自家网站。此外，一些年轻消费者还会选择一边在电视上收看阿里巴巴策划的综艺晚会，一边参与社交媒体上的抽奖活动等方式来深度体验"双十一"的活跃气氛。

表 7-3　天猫商城"双十一"促销活动（2016 年）

促销活动	内容
减价活动	·发放优惠券 ·预售优惠 ·分期付款 ·现金返还 ·限时降价

促销活动	内容
广告	·电视节目广告 ·网络广告 ·看板广告 ·地铁广告 ·楼宇广告 ·影院广告 ·特别电视节目——天猫晚会
音乐会	·邀请当红明星登台造势
手机客户端联动	·优酷土豆 ·虾米音乐 ·高德导航等App同步直播
新浪微博	·为"双十一"晚会制造热点话题 ·制造神秘偶像登场话题 ·制造中国第一个维多利亚秘密秀话题
微信	·在朋友之间传递优惠券和促销信息
游戏	·"寻找狂欢猫"
推广渠道	·在阿里巴巴集团所有App同步推送各类信息

（二）高频率的促销活动

在我国，实体零售企业经常在传统节日期间举行促销活动，像阿里巴巴这样的网络零售企业也会积极参与其中。除此之外，以阿里巴巴为首的各类网络零售企业还会举办形式多样的促销活动，即"购物节"。很显然，频繁举办购物节的根本目的是追求更大的交易规模和更多的访问流量。以2016年为例，天猫商城共开展了29场传统节日促销活动和52场购物节促销活动。通常情况下，这些促销活动会根据季节的变化与消费者购物习惯设定不同类型的主题。平均来看，天猫商城每5天就要举行一次大型促销活动，这一频率要远远高于传统的实体零售企业，而且在同一时间段内天猫商城还可以同时举办不同主题的促销活动。由此看来，天猫商城希望在消费者面前树立一种"经常举行促销活动，随时提供优惠商品"的形象，并将促销引流活动作为工作常态。

二、通过多领域合作引流

丰富的商品组合、频繁的促销活动为阿里巴巴的网络零售平台带来了大量的消费者和成交。从图7-8来看，"双十一"这个年度最大促销活动的交易额增速（折线图）在不断下滑。截至 2020 年，淘宝网和天猫商城的年活跃消费者数量已经扩大到 7.26 亿人，占我国互联网用户总量的 73.4%，但今后要想实现新注册消费者的大幅增长是相当困难的。此外，由于网络零售企业无须开设传统店铺，消费者在网络店铺之间的转移成本几乎为零。为了增加自家网络零售平台的流量，阿里巴巴围绕淘宝网和天猫商城的运营与多个领域的头部企业搭建了稳固的合作关系。

阿里巴巴的投资主要集中在内容平台、影视、在线票务、实体零售、交通、餐饮等与消费者的日常生活紧密相关的领域。显而易见，阿里巴巴希望通过与这些企业的合作来为自己的网络零售平台引入更多流量。例如，阿里巴巴入股了我国最大的内容平台"新浪微博"，该平台在 2020 年 12 月的月活跃用户规模达 5.21 亿，日活跃用户规模也高达 2.25 亿。其中，"90 后"和"00后"的用户规模占比近 80%，这类人群与淘宝网和天猫商城的活跃消费者高度重合。

第四节 阿里巴巴的大数据收集与处理

阿里巴巴通过运营网络零售平台将开店者与消费者集中在一起，并促成双方之间的交易。在匹配开店者供给与消费者需求的过程中会产生大量的数据，而阿里巴巴作为网络零售平台的运营主体掌握着所有的原始数据并积极挖掘数据中的深层价值，即大数据收集与处理。具体而言，大数据收集与处理就是把大数据储存到数据库，然后通过云计算、人工智能等信息技术对数据进行分析与应用。那么，阿里巴巴可以收集哪些数据，又是如何收集这些数据的？在收集海量的数据之后，阿里巴巴是如何对这些数据进行处理的？

一、大数据的收集

阿里巴巴以运营网络零售平台为核心，业务范围涉及线上支付、内容平台、传统媒体、视频分发、交通和地图导航、物流等领域。通过这种方式，阿里巴巴可以从多个维度收集到与开店者、消费者及商品相关的数据。其中，直接通过淘宝网或天猫商城运营收集到的数据被称为内部数据，而从部分投资或直接收购的企业处收集到的数据被称为外部数据（见表7-4）。需要强调的是，阿里巴巴可以收集到的大数据类型极为庞杂，本小节所讨论的大数据主要是指与消费者的购买行为和日常生活直接相关的数据。

表 7-4　阿里巴巴的大数据来源

内部数据	外部数据
·消费者身份 ·位置数据 ·浏览路径 ·商品数据 ·支付数据 ·即时通信 ·评论	·蚂蚁金服信用 ·菜鸟网络 ·新浪微博 ·优酷土豆 ·飞猪旅行 ·高德地图 ·口碑网 ·饿了么 ·阿里健康 ·阿里电影

注：2022年7月5日，阿里巴巴与蚂蚁集团同意终止《数据共享协议》。

在内部数据方面，阿里巴巴可以实时收集 7.26 亿活跃消费者及超过 1000 万家网络店铺的交易数据。具体而言，阿里巴巴可以利用系统自动记录消费者的身份、位置、浏览路径、商品规格、支付等常规数据，并在对这些数据进行分析后掌握每位消费者的年龄、性别、住址、兴趣爱好、购买频率及消费偏好。此外，阿里巴巴为了完善对开店者的评价体系，还会鼓励消费者在交易完成后对商品和开店者进行评价。消费者通常会使用文字来记录使用感受并喜欢附上可以展现使用场景的图片。这些非常规数据同样可以被阿里巴巴如实记录。

在外部数据方面，阿里巴巴在运营网络零售平台的基础上还涉足金融、物流、社交媒体、交通、娱乐、医疗健康等领域。除了消费者的购买行为外，阿里巴巴还可以详细掌握消费者的日常生活习惯与生活方式等全方位的数据。例如，飞猪是我国领先的在线旅游服务平台，它可以为消费者提供机票、火车票、住宿、餐厅、租车、本地景点等旅游预订服务。消费者可以通过淘宝网或天猫商城的账号直接登录飞猪，这样一来，阿里巴巴就可以实时收集用户的出行数据并掌握用户的出行习惯和动态。新浪微博作为我国最大的内容平台聚集了大量年轻人，阿里巴巴在与新浪微博合作后可以获得用户关注的内容、关心的话题等数据。此外还有来自高德地图的用户出行数据、阿里健康的用户健康数据、口碑网和饿了么的用户餐饮数据等。与这些类似的外部数据还有很多。

二、大数据的处理

随着阿里巴巴的交易规模越来越大、涉足领域越来越广，需要处理的数据也越来越多。最初，阿里巴巴将数据处理外包给了第三方数据处理公司。到了 2008 年，阿里巴巴的数据处理费用已经膨胀到与企业一整年的利润相近。尤其是在举办大型促销活动期间，网站的流量与平时相比在短时间内以倍数增长。此时，第三方数据处理公司无法高效地处理如此庞大的数据，这也逐渐演变为制约阿里巴巴发展的瓶颈。于是，阿里巴巴在 2009 年投入大量资金成立了自己的数据处理部门"阿里云计算"（以下简称"阿里云"）。自此，阿里巴巴的数据处理能力得到了大幅度的提升。例如，在 2019 年"双十一"这一天，阿里巴巴处理的订单量达到每秒 54.4 万笔，而故障发生率为零。

阿里云在积极开发自然语言处理、图像识别、语音识别、深层学习等人工智能技术的同时，正在向着通过机器学习以实现自行决策的目标不懈努力。淘宝网和天猫商城的搜索引擎在阿里云的支持下实现了在几秒钟内从超过 1000 万家网络店铺展示的数十亿件商品中推荐能够满足消费者实际需求的商品。

图 7-9 展示了阿里巴巴组织的大数据收集与处理活动。从淘宝网、天猫商城与合作企业那里收集来的大数据在经过阿里云的处理后将被用于引流、个性化营销、配送等流通活动。此外，在各类流通活动的组织过程中，实际上会产生许多新的数据，而这些数据又可以作为既有数据的有效补充而被继续收集和分析，如此循环往复。从这个角度来看，大数据收集与处理是阿里巴巴开展所有业务的核心，对企业的发展进步具有举足轻重的作用。事实证明，当收集到的数据涉及领域越广、数量越多时，处理出来的结果才越接近实际情况。这一切都离不开高效的数据收集与处理技术的支持。

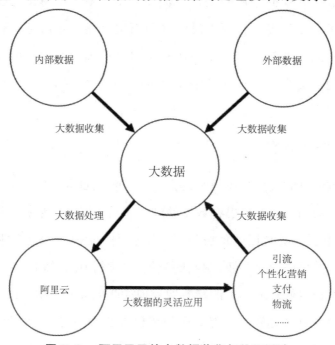

图 7-9　阿里巴巴的大数据收集与处理活动

第五节　阿里巴巴的个性化营销

淘宝网和天猫商城上超过 1000 万家网络店铺为消费者提供了数十亿件商品。对于消费者而言，要从如此庞大的商品信息库中找到适合自己的商品实际上并非易事，尤其是在消费者具有购买意愿但又对商品的具体信息知之甚少时更是如此。要想提高网络零售平台的运行效率，不仅要不断提高数据的处理能力，还必须为开店者和消费者提供一套完善的商品推荐系统。阿里巴巴在深度掌握各类消费者的购买行为与日常生活习惯的基础上，依靠强大的大数据处理能力建立了一套先进的个性化营销系统。具体而言，阿里巴巴可以高效地为每一位消费者提供能够满足他们实际需求的购物页面和商品，也就是所谓的"千人千面"。需要强调的是，个性化营销的实现离不开大数据的支持。

一、绘制消费者画像

正如本章第四节所讨论的，阿里巴巴可以从自己的网络零售平台与合作企业那里收集海量数据并实现即时处理。其中，与消费者购买行为和生活习惯有关的大数据可以帮助阿里巴巴描绘一幅幅个性化的消费者画像。阿里巴巴可以通过对这些消费者画像的灵活应用，为每一位消费者推荐最适合他们的商品，向消费者展示个性化的购物页面。另外，当消费者将感兴趣的关键词输入搜索框之后，页面上展示的商品内容及顺序也是基于消费者画像形成的。图 7-10 展示了阿里巴巴绘制消费者画像的例子。阿里巴巴在对收集到的大数据进行处理之后系统会自动给消费者贴上各式各样的标签。在图例中，阿里巴巴给一位 50 岁左右的已婚男职员贴上了无糖饮料、无糖曲奇、酒、高尔夫用品等标签。同时，系统还发现最近半年，该消费者对于酒的购买频率有所降低，而针对无糖饮料和高尔夫球用品的搜索频率明显升高，据此系统就可以判断出该消费者可能是一位糖尿病患者。很显然，当阿里巴巴在这位 50 岁左右的男性消费者的首页为其推荐保健品或与高尔夫相关的体育用品时，其交易的成功率将显著上升。需要强调的是，贴在每位消费者身上的标签并不是固定不变的。标签数量会根据消费行为和日常生活活跃度随时增减。另外，消费者身上各标签的权重也会随着大数据的不断更新而进行动态调整。

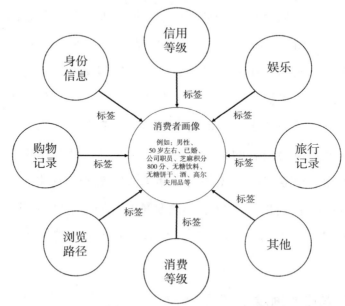

图7-10　阿里巴巴依据大数据分析绘制的消费者画像

二、个性化营销方案系统的开发

阿里巴巴运营着淘宝网和天猫商城这两个网络零售平台，它的业务核心并不是直接向消费者销售商品，而是收集与处理交易过程中平台内产生的各类大数据。具体而言，阿里巴巴不仅掌握着 7 亿活跃消费者的购买行为和日常生活习惯等数据，还详细掌握着近 1000 万家网络店铺的销售数据与商品组合数据。阿里巴巴可以通过阿里云处理这些大数据，并以此不断提升开店者供给与消费者需求的匹配效率。在需求方面，阿里巴巴通过绘制消费画像对消费者的购买行为和生活习惯进行细分。在供给方面，阿里巴巴通过建立营销方案系统来决定消费者首页展示的商品内容与商品的搜索排序。图 7-11 展示了阿里巴巴的营销方案系统。阿里巴巴可以为开店者提供广告展示、商品搜索排名优化等营销方案，而提供该项服务也正是其最主要的收入来源。需要注意的是，商品的最终展示位置及搜索排名并不仅是由开店者支付的营销费用高低来决定的，而是根据包括店铺信用等级在内的各项条件来综合决定。阿里巴巴把这个营销推广平台命名为"阿里妈妈"。

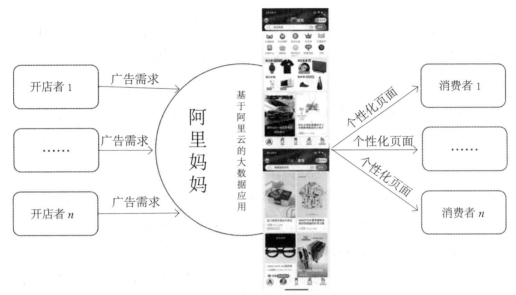

图7-11　阿里巴巴的营销方案系统

阿里妈妈为开店者提供的帮助主要可以概括为以下几个方面：第一，阿里妈妈可以为开店者提供详尽的消费者信息；第二，阿里妈妈可以根据消费者画像的分析结果帮助开店者筛选目标消费者，并为开店者提供定向广告服务；第三，除了淘宝网和天猫商城这两大网络零售平台，阿里妈妈还可以通过各类合作企业的宣传渠道来帮助开店者分发个性化的营销内容。

第六节　阿里巴巴的物流信息系统

阿里巴巴运营的是网络零售平台，在创业之初其并没有直接参与任何物流活动，而是将商品的库存管理、配送等一系列物流活动完全交由开店者和专业化的配送企业来负责。随着网络零售市场的快速成长，人们对物流的需求也随之增加。而网络零售的特点之一就是开店者和消费者分布于全国各地且较为分散，即便是一件很小的商品，有时候它的运输距离甚至会横跨全国。由于我国的物流基础设施，尤其是面向个人消费者的配送网络尚不够健全，因此在配送的过程中难免会发生货物丢失、配送延期或破损等情况。2012 年，阿里巴巴通过成功举办"双十一"促销活动实现了 191 亿元的交易额，但商品配送问题频发，投诉不断。甚至有一部分商品在完成支付两周以后才送达消费者手中。另外，阿里巴巴的竞争对手京东从 2007 年就着手完善仓储设施、配送网络等自建物流体系，并取得了巨大成功。为了应对全国范围的物流基础设施不足及来自竞争对手的挑战，自 2013 年起，阿里巴巴便开始致力于发展由自己主导的网络零售物流体系。

一、菜鸟网络的登场

由于完全自建覆盖全国的物流体系需要耗费大量资金和时间，阿里巴巴在寻求解决物流过程中的矛盾并提高物流效率的时候，既没有选择将所有物流活动全部委托给开店者和配送企业，也没有选择直接成立一家物流子公司亲自去组织从仓储到配送的所有物流活动，而是做出了完全不同于前两者的第三种选择。2013 年 5 月，阿里巴巴与银泰集团联合复星集团、富春集团、顺丰集团、"三通一达"等宣布启动在全国多地建设仓储系统的"中国智能骨干网"项目，同时组建菜鸟网络科技有限公司（以下简称"菜鸟网络"）。菜鸟网络的建设目标是支撑日均 300 亿元网络零售额的智能物流骨干网络，让全中国任何一个地区均可实现 24 小时内送货必达。菜鸟网络是协同线上线下的立体结构，包括前端快递网络、物流园与运输干线整合、可视化供应链运营平台及基于大数据的物流供应链数据服务四大层次。连接电商、仓储、物流等产业链企业，参照互联网社会模式，形成资源整合与共享的"大物流圈"。

菜鸟项目启动后，利用其自身的大数据资源及合作企业的共同努力，利用淘宝网日均产生超过1000万个包裹的物流跟踪数据与物流路由数据和重要节点的揽货、分拣、派送与末端递送的数据，菜鸟网络开发了"物流雷达预警系统"，把商家备货信息、订单信息与物流快递公司系统对接。物流快递公司可以借此进行线路规划、网点预测，并可以直接监控全国主要快件中转中心的情况。2013年，菜鸟网络与中国气象局公共气象服务中心合作建立了"雷达预警系统"，将最新的各地气象动态信息共享给使用菜鸟网络的各物流快递企业，缩短了物流快递企业对配送目的地天气变化的获知时间，提高了反应速度和应变能力。2013年"双十一"期间，淘宝网完成350亿元交易额，共产生1.52亿个包裹。依托菜鸟的"物流雷达预警系统"，在不到一周的时间内，超过1.3亿个包裹已顺利完成签收，送达消费者手中，整个"双十一"未出现大的爆仓现象。[1]到了2019年的"双十一"，即使淘宝与天猫商城的包裹总量已经扩大到12.92亿件，却依然在菜鸟网络的高效协作下平稳地度过了物流配送高峰。

与此同时，菜鸟网络也为消费者提供了诸多便利，其中影响力最大的就是物流信息的追踪。菜鸟网络可以在多平台同时展示物流信息，以便满足不同操作习惯的消费者的需求，并在包裹"已揽收""到达用户所在城市""派送中"等用户关心的几个关键节点向消费者发送系统提示，便于消费者做好收货准备。很显然，这可以起到降低消费者心理费用的作用。

二、仓储设施布局与配送网络整合

菜鸟网络并没有从零开始自建覆盖全国的仓储设施和配送网络，而是通过入股或收购的方式盘活既有的物流企业资源。

在仓储设施方面，菜鸟网络大部分仓储设施的所有权归属既有物流企业，但仓储设施的运营由心怡、快仓等专业化的物流服务公司来负责。另外，菜

---

[1] 资料来源：商务部2013—2014年度电子商务示范企业案例集。

鸟网络分别在上海、广州、成都、北京、武汉等大城市自建了大型仓储设施，并配有先进的智能化仓储设备。菜鸟网络希望通过对仓储设施的科学布局来缩短商品的运输距离，并减少商品的运输时间。当然，淘宝网和天猫商城的开店者数量众多且分布零散，因此所有的开店者都把商品送到菜鸟网络的仓储设施进行统一管理也是不现实的。

在配送方面，淘宝网和天猫商城的开店者中大部分是中小企业，这些中小企业只能将商品的配送活动委托给专业化的配送企业。为了获取各家大型配送企业的信任并让其支持菜鸟网络的工作，菜鸟网络承诺绝对不会组建自己的配送团队。此外，为了扩大菜鸟网络的影响力，截至2020年，阿里巴巴先后入股了圆通、百世汇通（2016年更名为百世快递）、中通、申通、韵达等大型配送企业。这五家公司被称为"四通一达"，占据着我国快递配送行业七成的市场份额。这一举措大大加快了配送网络整合的步伐。另外，阿里巴巴还宣布将投资1000亿元在全国范围内打造一个可以在下单后的24小时内把商品送达目的地的物流体系。

随着网络零售的普及，商品送达时消费者却不在家的情况时有发生。将商品从配送站送到最终目的地的物流环节被称为"最后一公里"。但这短短"一公里"路程的配送费用却占到了整个网络零售过程近30%的物流成本。为了解决"最后一公里"的问题，菜鸟网络以大学、住宅小区为中心建设了众多名为"菜鸟驿站"的配送站点。截至2020年，菜鸟校园驿站的服务范围已经覆盖了3000多个高校校区，为2800多万名高校师生提供配送服务。同时菜鸟社区驿站的服务范围也已经覆盖了40000多个社区，服务人口超过1亿人。[1] 菜鸟驿站为消费者提供了临时托管商品的服务，这样一来，消费者就可以在自己方便的时间去附近的菜鸟驿站收取商品。通过减少重复配送的次数，配送企业的配送成本明显降低了。

除此之外，菜鸟网络为了解决近年来快速增长的农村网络零售市场中的各类物流问题，还积极与当地中小物流企业合作，在交通不便的乡镇地区建立了30000多家网点。

---

[1] 资料来源：菜鸟网络官方网站数据。

第七节　阿里巴巴组织的流通活动

本章讨论了网络零售行业中交易额最大的阿里巴巴所组织的各项流通活动。作为平台型网络零售企业，阿里巴巴组织的流通活动主要涵盖以下几个方面。

一、商品组合形成

作为一家平台型网络零售企业，阿里巴巴在网站上展示的丰富商品组合信息是通过运营网络零售平台来实现的。从理论上来说，当开店者数量不断增多时，阿里巴巴为消费者提供的商品组合信息也将不断增多。阿里巴巴的发展壮大是对间接网络效应概念的完美诠释。特别是在创业初期，淘宝网的免费开店政策为阿里巴巴带来了大量的开店者，并在短时间内形成了丰富的商品组合。由此，阿里巴巴给消费者留下了一种"什么都有的商店"的印象，并吸引了大量消费者访问自家的网站。随着消费者数量的不断增多，更多的新开店者愿意加入淘宝网，这也使淘宝网的商品组合更为丰富。需要注意的是，因为网络零售企业无须开设传统店铺，所以其竞争范围并不是某一个特定的商圈，而是一同登录互联网的全国同行。与此同时，消费者在网络店铺间的移动成本基本为零，从一家网络店铺转移到另一家网络店铺几乎是在一瞬间完成的，因此，阿里巴巴要想在竞争激烈的网络零售市场中获得竞争优势的话，绝不能仅依靠丰富的商品组合来实现，更重要的是不断推出各式各样能够满足消费者实际需求的新商品，如此才能确保自家网络零售平台的差异化竞争优势具有可持续性。

二、信任构筑

作为一家平台型网络零售企业，阿里巴巴十分有必要为开店者和消费者建立一个可信任的交易环境，具体包括以下六方面：第一，支付宝服务的推出给互不见面的开店者和消费者带来了一定的安全感。第二，阿里巴巴开发的名为芝麻信用的信用体系对规范消费者的购买行为起到了积极作用。第三，为了更好地满足消费者的购物需求，阿里巴巴为开店者和消费者提供了名为"阿里旺旺"的即时聊天工具。即使双方无法见面，即时的在线会话也能在一定程度上降低消费者对网络零售的不信任感。第四，阿里巴巴还建立了一套完善的评价体系，该体系主要是基于从消费者处收集的对商品的评价来判断开店者的信用度及服务质量。因为网络店铺的流量与信用积分的多少和店铺信用等级的高低密切相关，所以该评价体系可以规范开店者的销售行为。第五，阿里巴巴在设定严格开店条件的同时，还运用大数据、人工智能等信息技术对每个开店者的交易活动实施实时监控，其根本目的就是为消费者营造一个值得信任的网络购物环境。第六，菜鸟网络的建立拉近了平台运营者、开店者、物流业者和消费者之间的距离，实时的物流信息更新缓解了消费者等待包裹的焦虑，也增强了消费者对平台、开店者和物流业者的信任。

三、网站运营

为了向消费者提供综合性的商品组合，阿里巴巴尽可能多地吸引更多的开店者加入自己的网络零售平台。当阿里巴巴成为一家"什么都有的商店"时，自然可以吸引大量消费者浏览自家网站。这就是所谓的间接网络效应。截至2020年，阿里巴巴的活跃消费者数已经超过7.79亿。以"双十一"为代表的促销活动帮助阿里巴巴维持了消费者的多次浏览及重复购买。如此一来，阿里巴巴给消费者留下了一种"经常举行促销活动，随时提供优惠商品"的印象。此外，为了增加消费者对网络零售平台的依赖程度，阿里巴巴在网络零售业务的基础上还积极参与内容平台、娱乐、实体零售、交通、餐饮等领域，其根本目的就是通过多种渠道将消费者引入自家的网络零售平台。

四、大数据收集与处理

阿里巴巴可以收集的大数据分为内部数据和外部数据。内部数据指的是通过自己的网络零售平台记录的交易数据，外部数据指的是通过合作企业收集而来的各类数据。具体而言，阿里巴巴通过投资并购的形式涉足内容平台、娱乐、实体零售、交通、餐饮等领域。可以说，阿里巴巴掌握了一半以上中国消费者的衣、食、住、行等数据。为了充分利用收集到的海量数据，阿里巴巴专门设立了一个名为"阿里云"的数据处理部门。大数据的处理与应用大大提高了网络零售平台的运营效率。

五、个性化营销

阿里巴巴通过淘宝网和天猫商城向消费者提供数十亿件商品，这反而导致每位消费者很难从这个庞大的商品组合中迅速找到自己想要的东西。但阿里巴巴通过将收集到的内部数据和外部数据进行处理，为每一位消费者绘制一幅独一无二的消费者画像。换言之，阿里巴巴可以根据消费者的购物记录和购买行为来分析每位消费者的消费习惯。另外，由于阿里巴巴是平台型网络零售企业，因此其业务核心并不是销售自营商品，而是高效地匹配开店者的供给与消费者的需求。为了实现这一目标，阿里巴巴运用大数据、人工智能等前沿信息技术开发了一个名为"阿里妈妈"的营销推广平台。具体而言，阿里妈妈为开店者提供了多种类型的广告服务，并以此收取广告费。实际上，阿里妈妈的收益已经占到阿里巴巴总收入的65%。[1]

六、订单处理

阿里巴巴以开发"菜鸟网络"物流方案系统为契机，一边盘活既有物流企业的仓储设施，一边在上海、成都、广州、北京、武汉等大城市自建大型仓储设施。通过对物流信息系统的整合及对仓储设施的标准化、智能化运营，阿里巴巴帮助开店者缩短了订单处理时间。另外，分散在全国的仓储设施可以帮助开店者缩短货物运输的距离，并减少运输的时间。通过对大数据的灵活应用，阿里巴巴可以提前预测畅销商品的需求量并将它们送往前置仓，这为缩短商品流通时间打下了坚实基础。

七、配送

虽然阿里巴巴并没有自建配送团队，但通过菜鸟网络对各大配送企业的配送网络进行了整合。具体而言，配送企业可以利用菜鸟网络的物流大数据来规划最优的配送量及配送路线。此外，为了解决"最后一公里"的难题，

[1] 资料来源：阿里巴巴 2020 年度报告。

阿里巴巴在人口集中的高校和住宅小区设置了数万个名为"菜鸟驿站"的配送站，消费者可以根据自己的实际情况去附近的菜鸟驿站收取商品。这样既可以避免重复配送，又可以降低配送成本。

表 7-5 是对以上讨论内容的汇总。

表 7-5　阿里巴巴组织的流通活动

流通活动	具体内容
商品组合形成	·运营网络零售平台 ·新品战略
信任构筑	·开发支付宝 ·完善消费信用体系 ·提供即时聊天工具 ·完善评价体系 ·监管开店者
网站运营	·间接网络效应的有效利用 ·高频率促销活动 ·多领域合作
大数据收集与处理	·收集内部数据 ·收集外部数据 ·开发阿里云
个性化营销	·绘制消费者画像 ·开发营销方案系统 ·运营营销推广平台
订单处理	·管理其他公司仓储设施 ·自建仓储设施 ·需求预测
配送	·配送网络整合 ·设置菜鸟驿站

第八章　网络零售流通功能的执行

为了弄清楚以开设传统店铺的实体零售企业为前提构建的流通功能理论能够在多大程度上解释无店铺的网络零售世界，本书共设定了两个研究目的。

第一个研究目的：网络零售企业在执行所有权转移功能、信息传递功能和物品转移功能时，具体的执行样式与实体零售企业是否相同？如果不同的话，网络零售企业具体以什么样的方式组织了哪些流通活动？

第二个研究目的：虽然所有通过互联网开展零售业务的企业都可以被称为网络零售企业，但实际上网络零售企业的类型是多种多样的。那么各类型的网络零售企业执行流通功能的样式是否相同？如果不同的话，各类型的网络零售企业又是如何执行流通功能的？

针对第一个研究目的，第三章回顾了现有的实体零售流通功能理论，并围绕实体零售中的消费者费用构成、流通产出和传统店铺的运营等方面明确了实体零售企业执行流通功能的具体样式，即实体零售企业组织的流通活动和实体零售流通功能的结构；第四章明确了实体零售企业商品组合形成的特征；第五章则以网络零售中的消费者费用构成、流通产出、网络店铺运营为中心讨论了网络零售流通功能的执行样式，即网络零售企业所组织的流通活动及网络零售流通功能的结构。在此基础之上，本章的第一节比较了实体零售企业与网络零售企业的流通功能执行样式，并明确了二者的异同。

针对第二个研究目的，本书在第五章提出了网络零售企业组织的主要流通活动，即商品组合形成、信任构筑、网站运营、大数据收集与处理、个性化营销、订单处理及配送。基于网络零售企业的类型划分，明确了本书的案例分析对象，即商人型网络零售企业——京东，平台型网络零售企业——阿里巴巴。第六章和第七章对这两个案例进行了详尽分析，并细化了网络零售流通功能的结构。本章的第二节将对这两家网络零售企业组织的流通活动进行比较，明确在网络零售中流通功能的执行样式是多种多样的。

第一节　实体零售与网络零售的流通功能执行样式比较

本书的结论如下：网络零售企业执行的所有权转移功能、信息传递功能及物品转移功能的具体样式与实体零售企业相比存在诸多不同点，其根本原因就在于是否开设传统店铺。总的来说，网络零售企业组织的流通活动与实体零售企业组织的流通活动相比，既有相同之处，又有不同之处。

在实体零售行业，消费者前往自己移动范围内的传统店铺，并在完成支付后自行将商品带回是最常见的购物模式。在这种购物模式下，消费者不仅需要支付商品本身的价格，而且承担了交通费用、信息收集费用、时间费用、体力费用、心理费用等各类消费者费用。通常情况下，消费者会根据商品价格及购买该商品时需要花费的消费者费用来综合判断是否购买某件商品。为了吸引更多的消费者进入自家的传统店铺，实体零售企业要提供尽可能丰富的零售服务，并帮助消费者减少费用的发生。从消费者的角度来看，这里所说的零售服务就是流通系统的产出，即流通产出。在实体零售中，影响消费者费用的流通产出主要包括商品的质量与品类、传递的信息、地理位置与营业时间、店铺与附属设施、配套服务及合理的价格等。需要注意的是，流通产出与消费者费用之间并不是一一对应的关系。一项流通产出往往可以帮助消费者降低多种消费者费用。例如，实体零售企业形成丰富的商品组合的话，消费者就无须在不同的传统店铺间来回移动，这样既可以降低消费者的交通费用，又可以降低消费者搜索商品的时间费用。实际上，这些流通产出是实体零售企业通过执行流通功能来实现的。具体而言，实体零售企业通过组织选址、商品组合形成（实物）[1]、供应商筛选、价格制定、采购、促销、交易数据收集、市场调研、信息收集与处理、包装、陈列、流通加工、装卸、商品储存与店内移动、打标签、配送（从传统店铺到消费者）、物流信息管理等流通活动来帮助消费者降低消费者费用。此外，流通功能是一系列具有相同目的的流通活动的集合。如果将上述各项流通活动按流通功能分类的话，那

---

[1] 指在实体零售中，商品组合的信息是通过实物来传递的。

么可以将实体零售流通功能的结构整理为由选址、商品组合形成、供应商筛选、价格制定及采购执行的所有权转移功能，由促销、交易数据收集、市场调研及信息收集与处理执行的信息传递功能，由包装、陈列、流通加工、装卸、商品储存与店内移动、打标签、配送及物流信息管理执行的物品转移功能。其中，某一些流通活动也有可能同时归属于多项流通功能。例如，促销在执行信息传递功能的同时也执行了所有权转移功能；流通加工在执行物品转移功能的同时也执行了所有权转移功能；商品组合形成与选址在执行了所有权转移功能的同时也执行了信息传递功能；物流信息管理在执行物品转移功能的同时也执行了信息传递功能；采购在执行所有权转移功能的同时也执行了物品转移功能；包装和陈列在执行物品转移功能的同时也执行了所有权转移功能和信息传递功能。

在无须开设传统店铺的网络零售行业，消费者在线完成支付后，由网络零售企业负责将商品送到消费者手中是本书开展讨论的大前提。由于消费者的购物范围不再局限于一定的商圈内，而是实现了在全网各家网络店铺间的自由移动。因此与实体零售相比，网络零售中的消费者费用构成也发生了变化。具体表现如下：①网络零售中的交通费用为零，但消费者可能需要承担配送费用；②信息收集费用和体力费用大大降低，接近于零；③虽然消费者可以在不同的网络店铺之间快速移动，但消费者要想搜索到有效信息仍需要花费一定的时间费用；④由于消费者无法在商品到货之前确认实物，因此对商品质量的担忧及等待商品到货的过程会使心理费用明显升高。综上所述，网络零售中的消费者费用主要可以分为配送费用、时间费用及心理费用。网络零售企业要想降低网络零售中的消费者费用，就必须提供与实体零售企业不一样的流通产出。本书结合网络零售中的消费者费用构成将网络零售的流通产出归纳为商品组合、信任关系、网站便利性、物流水平及售后服务五个方面。与实体零售一样，网络零售中的流通产出与消费者费用之间的关系也不是一一对应的。例如，网络零售企业可以通过提高物流水平来降低消费者的配送费用和心理费用。以上这些流通产出都是由网络零售企业执行流通功能来实现的。需要注意的是，网络零售企业组织的流通活动与实体零售企业组织的流通活动并非完全没有重合。由于未开设传统店铺，网络零售企业不需要组织选址、陈列等流通活动，但仍然需要组织供应商筛选、定价等传统流通活动。与此同时，网络零售企业为了实现网络零售中特有的流通产出还重新组织了以下七项流通活动，即商品组合形成（数字化）[1]、信任构筑、网站运营、大数据收集与处理、个性化营销、订单处理、配送（从仓储设施出发）。如果将这七项流通活动按流通功能进行分类的话，网络零售流通功能的结构可以归纳为由商品组合形成执行所有权转移功能，由大数据收集和处理执行信息传递功能，由订单处理和配送执行物品转移功能，而信任构筑、网站运营与个性化营销在执行所有权转移功能的同时执行了信息传递功能。

综上所述，网络零售企业执行所有权转移功能、信息传递功能及物品转移功能的样式与实体零售企业不同。

在所有权转移功能方面，实体零售企业需要在传统店铺内以实物展示的方式向消费者传递商品信息，并根据商圈内消费者的购物习惯、竞争等外部环境，以及选址、店铺的物理空间、商品知识和销售经验等经营资源来形成商品组合。在给商品定价时，实体零售企业仅需考虑商圈内同类商家的销售价格。网络零售企业无须开设传统店铺，可以通过网站向消费者传递商品的数字信息，因此网络零售企业完全不需要担心由选址和店铺的物理空间带来的发展限制。从这个角度来看，网络零售企业的商品组合形成与实体零售企业的商品组合形成有很大的不同，即网络零售企业能够以更低的成本向全国的消费者提供更多的商品信息。当然，在机会扩大的同时，网络零售企业也需要与全国的其他网络零售企业展开正面竞争，这也意味着网络零售中价格战的激烈程度要远大于实体零售。此外，在网络零售中，消费者既无法在商品到达前确认其质量，又无法享受面对面销售和店铺氛围等，这就导致消费者很难对网络店铺和商品产生信任感。因此，网络零售企业在运营网络店铺的同时，还需要积极地获取消费者的信任。然而，无论是实体零售企业还是网络零售企业，都需要结合自己的销售情况来筛选供应商并向它们发出采购订单。

---

[1] 在网络零售中，商品组合信息是数字化的，与实物无关。

在信息传递功能方面，实体零售企业可以通过商品实物展示、面对面销售、店内广告、店铺装潢及包装等方式向到店的消费者传递商品及自家企业的信息，其主要目的就是引导消费者做出购买决定。此外，实体零售企业不仅可以利用 POS 系统收集店铺的交易数据，还可以通过现场观察的方式收集消费者对商品和服务的具体需求等数据。在对收集到的数据进行汇总和处理后，实体零售企业不仅可以组织新的促销活动，而且可以将这些数据传递给供应商以实现对商品的改良。虽然实体零售企业可以向到店的消费者传递充实且生动的信息，但是从消费者那里收集的个人信息维度及向供应商传递的信息维度都十分有限。由于网络零售企业未开设传统店铺，如何吸引更多的消费者来浏览自家网络店铺就成了每一家网络零售企业必须面对的一大难题。这也就是本书所讨论的网站运营。得益于大数据技术的发展，网络零售企业既可以向浏览自家网站的消费者传递个性化的商品信息，又可以向供应商传递更为详细且全面的消费者需求信息。具体而言，网络零售企业的服务对象不再受到商圈的限制，尤其是像京东、阿里巴巴这样的大型网络零售企业可以从分散在全国的数亿活跃消费者那里实时收集和处理购买行为、消费习惯等数据。正因如此，网络零售企业可以详细了解每一位消费者的个性化需求，并向他们展示可动态更新的商品组合页面，也就是所谓的"千人千面"。与此同时，网络零售企业还可以将大量的个性化消费者需求信息传递给供应商，其根本目的是确保自身商品组合的个性化与多样化。

在物品转移功能方面，开设传统店铺的实体零售企业为防止出现商品售罄的情况就必须有一定的库存，因此实体零售企业要组织装卸、存储和店内外移动等物流活动。另外，实体零售企业还可以在店铺内通过组织商品陈列、标价及包装等物流活动来创造一个易于购物的店铺氛围。除此之外，还有一部分实体零售企业可以为消费者提供配送服务，但配送范围往往限于店铺周边区域。而网络零售企业无须开设传统店铺，所以并不需要组织陈列等物流活动，但网络零售企业仍需要在自己的仓储设施内组织装卸、存储等物流活动。同时，网络零售企业还需要进行订单处理。订单处理指的是从众多在库商品中挑出消费者订购的商品并将其打包好为发货做准备，处理时间的长短将直接影响消费者最终的购买决定。例如，如果商品从完成支付到发货需要花费三周时间的话，那么消费者很有可能会选择直接终止本次购物计划。此外，通过网络零售销售的商品需要从仓储设施出发并被送往分散在全国各地的消费者手中，因此，一个高效的配送网络也是开展网络零售必不可少的一部分。

实体零售企业所执行的绝大部分流通功能是在传统店铺内完成的；而网络零售企业可以在线上执行所有权转移功能及信息传递功能，并在线下执行物品转移功能。另外，由于线上执行的所有权转移功能与线下执行的物品转移功能可以通过企业内部的数据交换而实现无缝衔接，因此也无须将二者的执行地设置在同一地点。

表 8-1 是对以上讨论的总结。

表 8-1　实体零售与网络零售流通功能执行样式比较

内容		实体零售 （以运营传统店铺为主）	网络零售 （以运营网络店铺为主）
消费者费用构成		·交通费用 ·信息收集费用 ·时间费用 ·体力费用 ·心理费用	·配送费用 ·时间费用 ·心理费用
流通产出		·商品质量与商品组合 ·传递的信息 ·选址与营业时间 ·传统店铺与店内设施 ·附加服务	·商品组合 ·信任关系 ·网站便利性 ·物流水平 ·售后服务
流通功能的执行样式	流通活动	·选址 ·商品组合形成（实物） ·供应商筛选 ·设定价格 ·促销 ·包装 ·陈列 ·收集交易数据 ·市场调研 ·信息的存储与处理 ·物流信息管理 ·流通加工	·商品组合（数字信息） ·信任构筑 ·网站运营 ·个性化营销 ·大数据收集与处理 ·订单处理 ·配送（从仓储设施发出）

内容		实体零售 （以运营传统店铺为主）	网络零售 （以运营网络店铺为主）
流通功能的执行样式	流通活动	· 订货 · 装卸 · 保管与店铺内外移动 · 贴价格标签 · 配送（从传统零售店铺出发）	
	零售流通功能结构		

第二节　网络零售流通功能执行样式的多样性

本章第一节将实体零售企业执行流通功能的样式与网络零售企业执行流通功能的样式进行了比较，明确了二者的异同之处。本节着重关注商品组合形成、信任构筑、网站运营、大数据收集与处理、个性化营销、订单处理与配送这七项流通活动，并通过对比两种不同类型网络零售企业执行流通功能的具体样式来明确网络零售中流通功能执行样式的多样性。

一、网络零售中商品组合形成的多样性

商品组合形成活动具体包含分拣、分配、集聚、配货这四项基本活动。本书主要关注不同类型网络零售企业的商品组合形成样式。通过比较可以发现，它们的商品组合范围存在较大差异。

（一）商人型网络零售企业的商品组合范围

京东作为商人型网络零售企业最初以 3C 产品为主的专业性商品组合来开展网络零售业务，并取得了巨大的成功。与此同时，选择在京东购物的消费者也多为热衷 3C 产品的二三十岁的年轻人。2009 年，京东已经成长为全国最大的商人型网络零售企业，无论是交易规模还是消费者人数都很难再有大的突破。为了解决这一问题，京东在自己的商品组合中增加了服装、化妆品、食品等类别，并不断加强供应链建设。通过对大数据的灵活应用，京东还与上游供应商合作开发了一系列自有品牌商品。至此，京东已经完全形成了综合性的商品组合，且可以为各年龄层的消费者提供完善的网络零售服务。

然而，京东要做的不仅是向消费者传递商品组合的数字信息，而且要考虑如何在尽可能短的时间内完成在库商品的订单处理活动，并且快速地将商品配送到消费者手中。从这个角度来看，京东的商品组合范围会受到自建仓储设施的订单处理能力与配送能力的限制。

商人型网络零售企业的服务对象不再受到商圈的限制，可以接触到的消费者范围也大大超出任何一家实体零售企业。与此同时，分散在各地的仓储

设施也使商人型网络零售企业的商品组合广度和深度远超现有的百货商店、综合超市等实体零售企业。在实体零售市场中无法实现大批量销售的小众商品，一旦到了网络零售市场则有可能迅速吸引来自全国消费者的关注并带来销售量的攀升。需要注意的是，由于仓储设施等经营资源的限制，商人型网络零售企业所形成的商品组合范围也并不能无限扩张。与实体零售企业一样，商人型网络零售企业在有限的物理空间内也必须尽量以畅销商品为中心形成自家的商品组合。图 8-1 展示了商人型网络零售企业的商品组合范围。

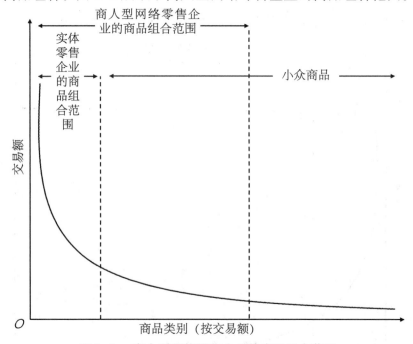

图 8-1　商人型网络零售企业的商品组合范围

（二）平台型网络零售企业的商品组合范围

网络零售平台就像实体零售中的购物中心一样通过向开店者提供销售"场地"来丰富自身的商品组合，但是购物中心的运营会受到建筑面积等物理空间的限制，网络零售平台运营者却没有这方面的烦恼。也就是说，平台型网络零售企业彻底克服了销售场地的物理空间限制。平台型网络零售企业会邀请生产企业和商业企业加入自家的网络零售平台，通过向这些企业提供在线支付与大数据等服务来收取服务费和广告费，这也是平台型网络零售企业最主要的收入来源。阿里巴巴就是典型的平台型网络零售企业。

通过整合开店者的商品组合，平台型网络零售企业首次实现了"什么都有的商店"的概念。从隶属于阿里巴巴的淘宝网和天猫商城的运营情况来看，随着开店者数量的不断增多，平台型网络零售企业的商品组合也越来越综合化。具体而言，平台型网络零售企业的整体商品组合由众多开店者的个别商品组合汇集而成。从理论上来说，开店者可以通过网络零售平台以较低的成本向全国的消费者传递商品的数字信息。除了传统的畅销商品外，即使在实体零售世界中容易被忽视的小众商品也同样能够在网络零售平台上维持一定的销售规模。图 8-2 展示了平台型网络零售企业的商品组合范围。

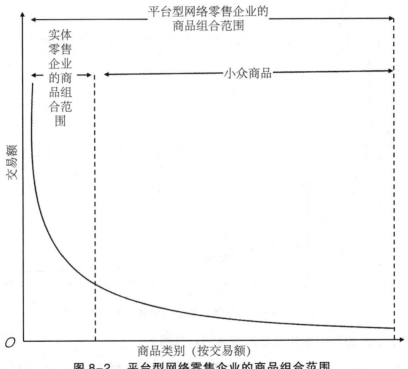

图 8-2　平台型网络零售企业的商品组合范围

（三）开店型网络零售企业的商品组合范围

平台型网络零售企业的丰富商品组合并不是由某一个庞大的网络零售企业形成的，而是由众多开店型网络零售企业的商品信息汇集而成的。需要强调的是，本书中讨论的开店型网络零售企业实际上是一类依附于平台型网络零售企业的特殊商人型网络零售企业，它们往往倾向于形成少品类甚至单一品类的专业性商品组合。

　　根据传统商业理论，绝大部分实体零售企业希望通过有限的物理空间形成尽可能丰富的商品组合来实现流通的高效率。然而对于形成专业性商品组合的开店型网络零售企业而言，没有了商圈的限制也就意味着有机会向全国的消费者传递自家商品的信息。另外，由于消费者可以极低的成本在各网络店铺间自由移动，因此开店型网络零售企业就算不能形成丰富的商品组合也不影响消费者的比较购买与关联购买的需求得到满足。对于消费者而言，在进行网络零售购物时并不用担心在网络店铺间移动会发生额外的交通费用和时间费用，所以可以同时对不同网络店铺内的商品进行对比与挑选。也就是说，在网络零售中店铺的概念已经逐渐弱化。这也就意味着消费者浏览网络店铺不再受到该店铺内商品组合多寡的影响。此外，京东等大型商人型网络零售企业通过大量采购、批量销售畅销商品的方式来实现低价销售，而中小型开店型网络零售企业往往倾向于以那些被大型商人型网络零售企业轻视的小众商品或弱势品牌商品为中心形成自家的商品组合。综上所述，开店型网络零售企业往往更有形成专业性商品组合的倾向，甚至有很多中小型开店型网络零售企业的商品组合里只有一款商品却依然能够实现大批量销售。图 8-3 展示了开店型网络零售企业的商品组合范围。

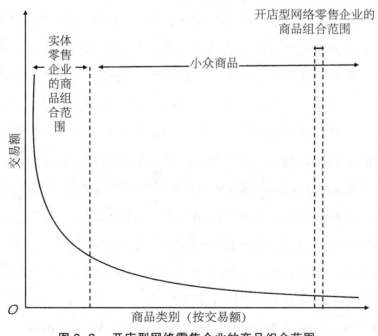

图 8-3　开店型网络零售企业的商品组合范围

（四）实体零售企业与网络零售企业商品组合范围比较

实体零售企业与网络零售企业的商品组合形成有很大不同。图 8-4 展示了实体零售企业与网络零售企业在商品组合形成方面存在的差异。[1]

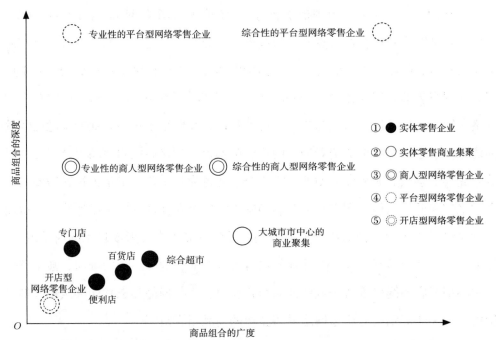

图 8-4　实体零售企业与网络零售企业的商品组合形成方面的差异

图 8-4 中的横轴代表零售企业商品组合的类别数（广度），纵轴代表零售企业商品组合的品种数（深度），追求商品组合深度的零售企业被称为专业性零售企业，除此之外的零售企业则被称为综合性零售企业。图 8-4 中的①和②代表实体零售的运营主体。其中，①是独立的实体零售企业；②是实体零售中的商业集聚。图 8-4 中的③④⑤代表网络零售的运营主体。其中，③是独立从事商品销售与网站运营的商人型网络零售企业；④是以开发大数据、支付等信息处理技术为中心开展网络零售业务的平台型网络零售企业；⑤是在④运营网络店铺的开店型网络零售企业。需要注意的是，①③⑤是直接从事商品销售活动的商业企业，②和④并不是由某一独立的企业单独运营的，②和④只有在①和⑤加入时才具有实际意义。

[1] 该差异表示不同零售企业商品组合范围的相对关系，各个零售企业的商品组合范围是动态变化的。

　　在实体零售中，开设像①这样传统店铺的实体零售企业的商品组合是通过展示商品实物而形成的，如果不能进一步扩大店铺面积的话就无法扩展商品组合。而像②这样的商业集聚大大缓解了①的物理空间限制，实现了为消费者提供丰富的商品组合的目的。但是，在不断追求效率与经济性的过程中，商业集聚的商品组合也开始不断向畅销商品集中的方向发展。

　　随着网络零售的出现，使③以商品的数字化信息形成了商品组合，因此它的丰富程度要远远超过①的实物商品组合。但是，③在发展过程中会受到仓储设施规模的限制，所以它的商品组合不可能实现无限拓展，真正使商品组合接近于无限的是④。由于③可以接触到全国的消费者，所以在扩展商品组合广度与深度的同时也很容易实现实体零售中小众商品的大批量销售。需要注意的是，⑤得益于④提供的数据处理等信息技术，既可以通过形成综合性商品组合来开展网络零售业务，又可以通过少品类甚至单一品类的专业性商品组合来开展网络零售业务。

（五）网络零售企业的新品战略

　　在网络零售中，消费者可以较低的成本搜索商品并比较价格，因此各家网络零售企业间的价格竞争也就变得更为激烈。与此同时，同行可以随时了解竞争对手的商品信息和价格动态，这也导致一旦某类商品的销量上升，其仿制品就会在短时间内大量出现在同行的商品列表中。另外，由于消费者可以极低的成本在不同网络零售企业运营的网络店铺间自由移动，因此消费者对网络零售企业的忠诚度也远低于对身边实体零售企业的忠诚度。针对以上问题，网络零售企业往往会采取新品战略来确保自家商品组合的竞争优势。

　　而像京东这样的商人型网络零售业可以通过收集与处理 4.72 亿活跃消费者的购买数据、900 万种自营商品与 20 万开店者的销售数据的方式来细分市场并开发自有品牌。此外，不断扩大的自营商品规模使京东与供应商之间的关系变得更加牢固，这也为京东开发自有品牌提供了有力保障。

　　虽然像阿里巴巴这样的平台型网络零售企业并不直接向消费者销售商品，但通过收集与处理超过 1000 万家网络店铺的销售数据及 7.79 亿多活跃消费者的购买数据[1]，阿里巴巴可以为开店者开发新品提供丰富且精准的大数据支持。与此同时，大量新品的集中上市又可以确保网络零售平台的差异化竞争优势，并起到引流的作用。

二、网络零售中信任构筑的多样性

实体零售企业可以通过店铺的选址、店铺氛围及面对面销售等方式来向消费者传递信任感。而网络零售企业主要通过网站进行商品销售，如果无法保证商品信息的真实性与支付的安全性的话，那么将很难获得消费者的信任。

为了尽可能实现商品信息的正确传递，网络零售企业会通过网站上的文字、图片、音频、视频等手段来对商品进行详细说明。在此基础之上，网络零售企业还可以通过即时聊天工具实时与消费者进行在线对话。作为商人型网络零售企业，京东在宿迁、成都、扬州布局了自营的客服中心，并实现了24小时不间断的在线服务。作为平台型网络零售企业，阿里巴巴虽然并不直接向消费者销售商品，但它为开店者和消费者提供了可以实现即时聊天的工具——阿里旺旺。当消费者可以与开店者进行实时沟通的时候，即使看不到商品实物也能够在一定程度上消除对开店者诚信及商品质量的焦虑。另外，阿里巴巴还通过提供支付宝这一第三方支付服务帮助开店者与消费者降低交易的风险。

在网络零售中，消费者除了可以从网络零售企业直接获取商品信息外，还可以通过其他消费者对商品的评价来获取商品信息。正因如此，网络零售企业在完善评价体系方面也投入了大量的精力。作为商人型网络零售企业，京东网站上70多亿条的评价是新用户判断商品质量是否可靠的重要参考依据。平台型网络零售企业阿里巴巴也为开店者和消费者构建了一整套可以相互评价的信用体系。对于开店者，除了对商品的评价，阿里巴巴还设置了对开店者服务及物流服务进行评价的条目。通过这套系统，阿里巴巴可以为每个开店者的网络店铺打分，并赋予相应的信用等级。对于消费者，阿里巴巴

---

[1]2020年1月1日至2020年12月31日的年度活跃消费者。

建立了一套评价消费者信用状况的芝麻积分系统，通过一系列的奖惩手段能够让开店者与消费者明显意识到增强自身信用的重要性。

此外，像京东这样的商人型网络零售企业通过在自营网站上销售自营商品的方式可以快速塑造一个可信任的网络零售企业形象，遍布于全国的自营仓储设施和配送网络也将进一步提升京东的可信任度。而阿里巴巴的菜鸟网络虽然没有采取自建完整物流体系的形式，但高效的物流信息网络不仅可以帮助既有的物流企业提升效率、降低成本，而且能促进消费者提升对网络零售平台和开店者的信任度。

三、网络零售中网站运营的多样性

正如第五章所讨论的那样，网络零售企业无法像实体零售企业那样为相对固定商圈内的消费者提供零售服务。因此，无论商品组合多么丰富，商品信息多么可靠，只有当消费者浏览网站时这一切才会有意义。在竞争激烈的网络零售市场中，那些知名度较低的网络零售企业或新加入的网络零售企业的网站访问流量甚至有可能为零。

为了提高自身知名度，像京东这样的大型商人型网络零售企业往往会选择开展全国性的广告宣传活动。在此基础之上，京东通过运营网络零售平台的方式来开展混合型网络零售业务，其根本目的是实现间接网络效应。在我国的网络零售市场中，京东与阿里巴巴这样的大型网络零售企业目前占据了绝大部分的市场份额。需要注意的是，各家网络零售企业仅靠自身的广告宣传很难维持数以亿计的活跃消费者。京东与阿里巴巴通过入股、收购等方式积极与外部企业开展合作，其目的就是通过业务的多元化来维持稳定的引流能力。此外，频繁的促销活动也被认为是吸引新消费者及促进现有消费者重复购买的重要手段。其中，阿里巴巴主导的"双十一"和京东主导的"618"就是网络零售企业开展促销活动的典型代表。这两家网络零售企业每当举办大型促销活动的时候，就会充分整合线上线下的资源并在全国范围内开展推广活动。除了"双十一"和"618"以外，这两家网络零售企业几乎每天针对特定类别或特定品种的商品举办促销活动。这样一来，网络零售企业即使不开设传统店铺也照样能够引起消费者的不断关注。

四、网络零售中大数据收集与处理的多样性

在实体零售中，实体零售企业可以通过店铺选址、橱窗展示、商品陈列、面对面销售等流通活动来向消费者传递商品信息。与此同时，实体零售企业还可以通过 POS 系统收集消费者信息。具体而言，POS 系统可以单品为单位记录"什么东西、什么时候、卖了多少个、卖了多少钱"等销售信息。虽然实体零售企业可以通过发行会员卡的方式收集"什么人、什么时候、买了什么、用多少钱买了多少东西、以什么样的形式购买"等具体的消费信息，但总的来说持有会员卡的消费者数量毕竟有限，也无法保证在支付时所有持卡消费者都会出示会员卡。另外，虽然店内销售人员通过观察收集到的现场信息更为真实可靠，但这需要耗费大量的资金和时间且效率低下。综上所述，实体零售企业收集消费者信息的难度要比想象中大得多。而网络零售中的信息传递方式与实体零售中的信息传递方式有很大的不同，其中最值得关注的就是大数据收集与处理。

当提到"大数据"概念的时候，首先想到的就是数据的量很大且内容丰富。像京东这样的商人型网络零售企业可以自动记录每一件商品的所有权转移及实物转移的全过程，即内部数据的收集。另外，京东还通过与腾讯等 IT 公司开展合作的方式获得更多的市场数据，即外部数据的收集。在此基础之上，京东还专门成立了一个名为"京东云"的技术部门来处理这些大数据。有了京东云，京东不仅可以实现促销信息的传递与消费者信息的收集，还可以为每一位消费者绘制独一无二的消费者画像并对销售计划、配送路线规划等进行预测。

作为平台型网络零售企业，阿里巴巴与京东一样十分重视大数据收集与处理。虽然阿里巴巴并不直接向消费者销售商品，但在构建网络零售基础设施的过程中积累的丰富大数据是其核心竞争优势。此外，阿里巴巴不仅掌握着自家网络零售平台所产生的各类数据，还通过入股、收购等方式积极推进业务范围的多元化。这意味着阿里巴巴收集的大数据范围基本覆盖了消费者

的衣、食、住、行。另外，阿里巴巴还成立了自己的数据处理部门——阿里云。发展至今，阿里巴巴一边完善网络零售基础设施，一边构建起一个多元化的网络零售生态系统。

五、网络零售中个性化营销的多样性

在网络零售中，消费者在"互联网的海洋"中快速找到自己想要购买的商品是很难的一件事。但网络零售企业可以对大数据进行收集与处理，并根据每一位消费者的购买行为、生活习惯为他们贴上个性化标签以形成消费者画像。例如，商人型网络零售企业京东和平台型网络零售企业阿里巴巴通过收集与处理丰富的内外部数据，可以给每一位消费者贴上个性化标签。这样一来，网络零售企业无须像实体零售企业那样针对某一群消费者进行推广活动，而是以极低的成本向每一位消费者提供具有针对性的个性化推广活动。这也就是所谓的个性化营销。

以商人型网络零售企业京东为例，质量可靠的自营商品是它的一大优势，然而无法充分了解每一件商品的特性就无法向消费者推荐合适的商品。为了解决这个问题，京东根据自营商品的属性、受关注程度及销售情况等数据给商品贴上标签并绘制商品画像。当消费者在浏览网站时，京东可以通过将消费者画像与商品画像进行高效匹配的方式为消费者推荐合适的商品。

平台型网络零售企业阿里巴巴并不直接向消费者销售商品，但却掌握着超过1000万家网络店铺的销售信息和消费者的购物信息。阿里巴巴依靠强大的数据处理能力建立了一套先进的个性化营销系统——阿里妈妈。该系统不仅可以分析每一位消费者的具体需求并为他们贴上标签，还可以帮助广大开店者精准筛选目标消费者以实现个性化营销。

六、网络零售中物流活动的多样性

在实体零售中，消费者习惯去附近的传统店铺搜索自己所需的商品，且通常会在店铺内完成支付后将商品带回。而在网络零售中，消费者可以通过网络在家里或工作场所在线购物，要想成功开展网络零售业务就必须做到在尽可能短的时间内将商品从仓储设施配送到消费者手中。

作为商人型网络零售企业，京东为了确保自营 3C 商品在运输环节的安全性与时效性而自建了一个订单处理与配送一体化的物流体系。随后，该物流体系在京东的商品组合拓展过程中起到了积极作用，并逐渐成为京东的核心竞争优势。在订单处理方面，京东将分布于全国各地的仓储设施主要分为三个级别，一是位于北京、上海、广州等城市的核心物流中心，二是位于昆明、大连等城市的主要物流中心，三是位于中小城市的地方物流中心。高密度的仓储设施既可以减少商品从生产企业到消费者手中的运输次数，又可以缩短商品配送的时间。为了改善订单处理的效率，京东还在仓储设施内配置了大量智能化设备。其中，从 2014 年开始运营的"亚洲一号"每天可以处理高达 50 万件订单，是京东开展智能化订单处理的典型代表。在配送方面，京东在全国建立了 7000 多家配送站，并雇用了 19 万名全职配送人员。得益于此，京东可以在不同的城市提供一系列个性化鲜明且高效的配送服务。例如，"京准达"配送服务可以让上海、北京等城市的消费者在网络购物时设定具体的收货时间段。

因为平台型网络零售企业阿里巴巴并不直接向消费者销售商品，所以在运营初期对仓储设施及配送网络的建设并没有表现出太强烈的意愿。随着交易额的不断增加与消费者对物流服务的期望值逐步提高，2013 年起，阿里巴巴决定提升自家网络零售平台的物流效率。阿里巴巴并没有选择从零开始自建物流体系，而是通过与大型配送企业合作的方式组建了菜鸟网络科技有限公司。具体而言，阿里巴巴通过对大数据技术的灵活应用整合商品流通过程中的物流信息，从而提高物流效率。在订单处理方面，阿里巴巴主要采取向第三方物流企业租用仓储设施，或在大城市自建智能化仓储设施的方式为开店者提供商品存储及订单处理服务。阿里巴巴网络零售平台上有超过 1000 万家的网络店铺，且运营这些网络店铺的主体分散在全国各地，所以，就目前而言，要想让所有的开店者都事先把商品送进菜鸟网络的仓储设施是不切实际的。但是，无论是菜鸟网络直接管理的仓储设施还是开店者自己的仓储设施，阿里巴巴都可以通过对大数据技术的灵活应用来实现高效的库存管理。

在配送方面，阿里巴巴为了取得现有大型配送企业的信任，承诺绝对不会建立自己的配送团队。与此同时，菜鸟网络可以通过收集与处理各配送企业的分拣、运输、配送等数据来提前预测物流资源配置及配送路线。另外，为了进一步提高商品的配送效率并解决配送时间与消费者收货时间不匹配的问题，菜鸟网络又在消费者附近建设了数万家菜鸟驿站。

为了进一步明确不同类型的网络零售企业在流通功能的执行样式上存在的差异，表 8-2 对以上讨论的内容进行了汇总与比较。

表 8-2　网络零售流通功能执行样式的多样性

内容	商人型网络零售企业（京东）	平台型网络零售企业（阿里巴巴）
商品组合形成	·形成专业性商品组合 ·形成综合性商品组合 ·运营网络零售平台 ·开发自有品牌商品	·运营网络零售平台 ·新品战略
信任构筑	·销售自营商品 ·自建支付服务 ·自建物流体系 ·完善评价体系 ·自建客服中心 ·监管开店者	·开发支付宝 ·完善信用体系 ·提供即时聊天服务 ·完善评价体系 ·监管开店者
网站运营	·传统广告 ·在线广告 ·与其他公司合作 ·促销活动	·间接网络效应的有效利用 ·高频率促销活动 ·多领域合作
大数据收集与处理	·收集内部数据 ·收集外部数据 ·开发京东云	·收集内部数据 ·收集外部数据 ·开发阿里云
个性化营销	·绘制消费者画像 ·绘制商品画像 ·匹配消费者画像与商品画像	·绘制消费者画像 ·开发营销方案系统 ·运营营销推广平台
订单处理	·仓储设施的规划与设置 ·智能化仓储设施	·既有仓储设施整合 ·自建仓储设施 ·库存预测
配送	·配送网络建设 ·配送设施的设置 ·多种多样的配送服务 ·智能化配送	·配送网络整合 ·设置菜鸟驿站

第三节 网络零售流通活动的关联性

本章第二节详细讨论了商人型网络零售企业和平台型网络零售企业所组织的各项流通活动。值得一提的是，这七项流通活动并非单独存在，而是彼此密切关联的。流通活动之间的关联性主要表现在以下方面。

（1）从商品组合形成同信任构筑的关系来看，商人型网络零售企业更容易通过销售自营商品给消费者带来信任感。

（2）从商品组合形成同网站运营的关系来看，平台型网络零售企业通过提供综合性商品组合首次实现了"什么都有的商店"的概念，并吸引大量消费者。另外，在竞争激烈的网络零售市场中模仿品层出不穷，因此新品开发是获得消费者关注的重要路径。

（3）从商品组合形成同大数据收集与处理的关系来看，大量的销售数据可以被自动记录并成为大数据的一部分，而网络零售企业又可以借助这些大数据资源动态调整自家的商品组合。

（4）从商品组合形成同个性化营销的关系来看，网络零售企业可以识别每一位消费者的个性化需求，因此无须形成综合性商品组合。而少品类甚至单一品类的商品组合在网络零售中也能够实现大批量销售。

（5）从商品组合形成同订单处理的关系来看，专业性商品组合的订单处理更加容易实现，而综合性商品组合的订单处理则较为复杂。具体而言，当消费者在同一家网络店铺购买多件商品时，也就意味着网络零售企业需要花费更多的时间与精力从货架上拣选商品。

（6）从商品组合形成同配送的关系来看，如果无法确保配送网络的安全高效，就很难通过网络零售渠道销售高价值的商品。

（7）从信任构筑同网站运营的关系来看，网络零售企业只有在消费者面前树立一种值得信任的形象，才有可能让消费者产生购买的意愿。此外，大型网络零售企业还可以通过大规模的线上、线下广告来吸引消费者，而这也是一种建立信任的有效途径。

（8）从信任构筑同大数据收集与处理的关系来看，一方面，网络零售企业开发的评价系统和即时聊天系统产生了大量的常规与非常规数据；另一方面，通过对大数据技术的灵活应用，既可以对网络店铺的信用进行评级，又可以对消费者的信用进行打分。因此，在网络零售中，大数据收集与处理和信任构筑是相辅相成的。

（9）从信任构筑同个性化营销的关系来看，网络零售通过开展个性化的营销活动可以在消费者面前树立可信任的形象。

（10）从信任构筑同订单处理的关系来看，分散在全国的自建仓储设施能够快速响应订单处理的需求并减少订单处理的时间，从而增强消费者对网络零售企业的信任程度。另外，订单处理过程中安全牢固的包装也可以给消费者带来信任感。

（11）从信任构筑同配送的关系来看，自营的配送车辆和配送团队有助于网络零售企业树立可信任的形象，而由自建配送团队提供的货到付款服务可以大大减轻消费者对网络零售的心理防备。另外，提供实时更新的配送状态查询服务也可以缓解消费者等待商品到达过程中的心理焦虑。

（12）从网站运营同大数据收集与处理的关系来看，一方面，网络零售企业为了吸引更多消费者浏览自家的网络店铺，通常会选择拓展业务范围或与其他企业开展合作。也正因如此，网络零售企业可以收集到内容极为丰富的大数据。另一方面，通过对大数据技术的灵活应用，网络零售企业可以精准预测应该什么时候举办什么类型的营销推广活动。

（13）从网站运营同个性化营销的关系来看，如果没有足够数量的消费者浏览自家网络店铺的话，个性化营销的精准性是无法保证的。通过开展个性化营销活动，网络零售企业可以在消费者心中提高自己的识别度，并促成消费者的重复购买。此外，通过对消费者画像的有效利用，网络零售企业可以针对不同消费者提供个性化的营销内容。

（14）从网站运营同订单处理的关系来看，缩短订单处理时间可以吸引更多的消费者浏览网络店铺。

（15）从网站运营同配送的关系来看，缩短配送时间及提供个性化的配送服务可以吸引更多的消费者浏览网络店铺。

（16）从大数据收集与处理同个性化营销的关系来看，网络零售企业可以通过大数据的收集与处理来绘制消费者画像。在此基础之上，网络零售企业可以对每一位消费者开展个性化的营销活动。

（17）从大数据收集同处理订单的关系来看，通过对大数据技术的灵活应用，网络零售企业可以预测出更为高效的仓储设施选址与更为准确的在库规模。

（18）从大数据收集与处理同配送的关系来看，通过对大数据技术的灵活应用，网络零售企业可以预测出更加合理的配送车辆调度、配送路线规划及配送人员配置，并缩短配送的时间。

（19）从个性化营销同订单处理的关系来看，当网络零售企业可以准确掌握消费者的需求与分布时，便可以提前将商品运送至消费者附近的仓储设施，这样可以提高订单处理的效率。

（20）从个性化营销同配送的关系来看，当网络零售企业可以准确掌握消费者的所在地时，便可以提前规划商品的配送路线，这样可以缩短配送的时间。

（21）从订单处理同配送的关系来看，分散在全国的仓储设施既能提高订单处理效率，又能缩短配送时间。另外，订单处理过程中安全牢固的包装也能提高配送的效率及配送过程的安全性。

第九章 本书的结论与今后的课题

本章的内容主要包括两个方面,一是给出本书的结论,二是整理今后需要继续研究的课题。

第一节 本书的结论

本书以传统流通理论为基础,讨论了网络零售企业是如何执行流通功能的。通过对既有流通功能研究、实体零售流通功能研究、商品组合形成研究进行回顾,明确了迄今为止绝大部分的流通功能研究是以开设传统店铺的实体零售企业为前提展开的。尽管网络零售的市场规模在迅速扩大,但流通学界对无须开设传统店铺的网络零售企业所执行的流通功能的具体内容及具体的执行样式并未开展系统性的研究与讨论。

本书在第三章与第四章对既有研究进行了回顾,并在第五章提出了网络零售流通功能的结构模型。具体而言,由于网络零售企业无须开设传统店铺,因此消费者在网络零售购物时发生的消费者费用构成与实体零售不尽相同。在实体零售中,消费者费用主要由交通费用、信息收集费用、时间费用、体力费用和心理费用构成。而在网络零售中,消费者费用主要由配送费用、时间费用和心理费用构成。与实体零售企业相比,网络零售企业为降低消费者费用所提供的零售服务,即流通产出发生了明显变化。本书基于网络零售的特点和网络零售中消费者费用的构成,从商品组合、信任关系、网站便利性、物流水平及售后服务五个方面来把握网络零售企业的流通产出。由于流通产出是通过执行流通功能来实现的,因此本书基于网络零售企业提供的流通产出明确了商品组合形成、信任构筑、网站运营、大数据收集与处理、个性化营销、订单处理及配送这七项流通活动维度,并讨论了网络零售企业执行流通功能的具体样式,即第一个研究目的。

虽然所有通过互联网开展零售业务的企业可统称为网络零售企业,但实际上又可将网络零售企业细分为商人型网络零售企业、平台型网络零售企业及开店型网络零售企业。本书在第六章和第七章用案例分析的研究方法分析了京东和阿里巴巴两家网络零售企业，并明确了不同类型网络零售企业执行流通功能的具体样式，即第二个研究目的。

围绕以上两个研究目的，本书的研究结论如下。

第一，本书从无须开设实体店铺的网络零售角度出发，对以开设传统店铺的实体零售为前提构建起来的流通功能理论进行重新讨论与补充。通过对二者进行比较，发现网络零售企业在执行所有权转移、信息传递、物品转移这三项流通功能时的具体样式与实体零售企业不尽相同。具体而言，网络零售企业与实体零售企业一样，都需要执行所有权转移、信息传递、物品转移这三项流通功能，虽然网络零售企业不再需要组织实体零售企业必须完成的选址、陈列等流通活动，但需要组织信任构筑、网站运营、大数据收集与处理等一系列全新的流通活动，其根本目的是向消费者提供相应的网络零售服务。另外，所有权转移功能和信息传递功能可以在线上执行，但物品转移功能则需要在线下执行。由于这三项流通功能可以通过企业内部网络实现实时信息交换，因为无须将执行地点限定在同一场所内。

第二，不同类型的网络零售企业执行流通功能的样式也不同。商人型网络零售企业通常会选择自行组织七项流通活动。虽然这种模式需要较大规模的资金投入，但可以提供更为稳定的物流服务并给消费者带来强烈的信任感。因为平台型网络零售企业无须直接向消费者销售商品，所以该类型网络零售企业主要围绕为开店者和消费者提供便利的交易环境与完善网络零售基础设施等方面来组织流通活动。通过对大数据的灵活应用，为开店者提供高效的营销方案系统是平台型网络零售企业的主要收入来源。

第三，网络零售中的七项流通活动并非单独存在的，而是彼此密切关联的。其中，商品组合形成是网络零售企业开展网络零售业务的起跑点。而大数据收集与处理是这七项流通活动的核心，网络零售中各项流通活动的组织过程都离不开对大数据的灵活利用。

第二节　本书的局限性及今后的课题

本书将网络零售企业与实体零售企业执行流通功能的样式进行比较，并着重讨论了网络零售企业是如何组织各项流通活动的。为了探索"如何（how）"的答案，本书采用了案例分析法对两种不同类型的网络零售企业所执行流通功能的样式进行了分析与比较。但在研究过程及研究视角方面依然存在一定的局限性。

第一，在网络零售中，大数据收集与处理是其他各项流通活动的核心，并直接影响着组织效率。然而，本书的讨论并没有涉及各家网络零售企业在大数据收集与处理过程中的具体信息技术及方法。

第二，本书以实体零售中的消费者费用构成为参照，讨论了网络零售中的消费者费用构成，但并未详细讨论不同类型的网络零售企业通过组织流通活动所削减的消费者费用的内容是否一致。

第三，本书通过对案例的分析明确了商品组合形成、信任构筑、网站运营、大数据收集与处理、个性化营销、订单处理、配送这七项流通活动之间的关联性。但各项流通活动互相之间的关联程度还有待进一步明确。

本书对网络零售中的流通功能执行样式进行了一个初步的探究。也正因如此，今后还有诸多课题有待进一步讨论。其主要内容如下。

第一，本书中的网络零售流通功能结构模型是在现有以实体零售为前提构建的流通理论基础之上提出的。从这个角度来看，本书讨论的并非一个全新的网络零售流通功能理论。而完全摆脱现有实体零售流通功能理论的影响，构筑一系列以网络零售为出发点的网络零售流通功能理论将在今后很长一段时间内作为研究的主要任务。

第二，本书提出的网络零售流通功能结构模型主要围绕商品组合形成、信任构筑、网站运营、大数据收集与处理、个性化营销、订单处理、配送这七项流通活动开展讨论，而并未关注网络零售企业执行的辅助功能。在今后的研究中有必要探讨像京东和阿里巴巴这样的大型网络零售企业是如何提供在线支付和贷款等服务，以及是如何执行风险承担等辅助功能的。

第三，本书着重关注了开展网络零售业务的网络零售企业所执行的流通功能。今后须进一步讨论物流企业、生产企业与其他第三方服务企业在网络零售中是如何执行流通功能的。

第四，从目前的发展历程来看，网络零售的革新速度要远远快于实体零售，直播带货等新的商业模式层出不穷。由此来看，网络零售企业执行的流通功能样式并不固定。今后应持续关注不断推陈出新的流通活动，并对网络零售流通功能理论进行完善。

第五，本书将网络零售与实体零售进行了比较研究。近年来，越来越多的研究开始关注将网络零售与实体零售进行整合的全渠道零售。然而，对于全渠道的讨论多以实体零售企业进军网络零售为中心展开，鲜有从网络零售企业进军实体零售的角度来展开讨论的。另外，将实体零售流通功能理论与网络零售流通功能相融合并形成全渠道零售流通功能理论也是值得流通学界开展进一步讨论的重要课题。

目前，大多数对网络零售的研究是从产业规模的角度或商业模式的角度展开的，而从传统流通理论的角度正面分析网络零售的研究却寥寥无几。本书尝试从传统实体零售流通功能理论的角度出发对网络零售及网络零售流通功能展开讨论，但这也只是第一步。本书的研究表明，网络零售流通功能研究是一个未知且充满挑战的领域，希望本书可以成为未来深入开展网络零售流通功能研究的一个良好开局。

参考文献

艾瑞咨询,2015.2008—2009 年中国网络购物行业发展报告 [R/OL].(2015-06-23)[2015-06-23]. https:// www.docin.com/p-1193919066.html.

艾瑞咨询,2016.2016 年中国跨境进口零售电商行业研究报告 [R]. 艾瑞咨询系列研究报告 (3):180-246.

艾瑞咨询,2017.2017 年升级:变化中的中国网络零售 [R]. 艾瑞咨询系列研究报告 (11):534-643.

艾瑞咨询,2019. 第三方移动支付 2018 年交易规模达 190.5 万亿 [EB/OL].(2019-05-09)[2022-10-25].https://data.eastmoney.com/report/zw_industry.jshtml?encodeUrl=K+jbOdYtcOjEgb+H C5JKpfFUhkWtmRQ4+6G2eiQEnOI%3D.

安信证券,2020.2020 年快递物流系列研究笔记之八:京东物流的星辰大海 [EB/OL].(2020-04-19)[2020-04-19].https://wk.askci.com/details/0060c6f9ee3e4e598da51604329659b2/.

蔡云蛟,汪传雷,朱煜,2015. 网络零售物流系统的特征分析与运营策略 [J]. 物流技术,34(6):23-28.

陈德人,2015. 网络零售 [M].2 版. 北京:清华大学出版社.

陈静,2019. 洋电商为何"玩不转":亚马逊退出中国电商市场 [J]. 决策探索 (上)(5):42-43.

陈钦兰,2016. 基于供应链结构的网络零售模式类型研究 [J]. 中国流通经济,30(1):37-43.

陈永伟,2018. 零售的本质和零售业的发展 [J]. 东北财经大学学报 (6):11-14.

董相君,2010. 电子商务企业协同化物流信息平台构建 [D]. 长春:吉林大学.

高旭涛,2017. 从美国亚马逊的发展看线上与线下融合 [J]. 中国流通经济,31(5):105-116.

高银艳,2006. 电子商务典型模式中的信息流分析 [D]. 长春:吉林大学.

龚雪,2014. 产业融合背景下零售业演化与创新研究 [D]. 成都:西南财经大学.

顾国建,2013. 电子商务催生流通革命 [N]. 中国商报,08-20(B02).

关毅东,2001. 电子商务发展与流通产业变革 [D]. 武汉:武汉理工大学.

郭馨梅,张健丽,2014. 我国零售业线上线下融合发展的主要模式及对策分析 [J]. 北京工商大学学报 (社会科学版),29(5):44-48.

郭馨梅,张健丽,刘艳,2014. 互联网时代我国零售业发展对策研究:基于网络零售与传统零售业融合发展视角分析 [J]. 价格理论与实践 (7):106-108.

郭燕,陈国华,陈之昶,2016."互联网 +"背景下传统零售业转型的思考 [J]. 经济问题 (11):71-74.

郝丽,张郁茵,2020. 京东智能物流发展现状及对策研究 [J]. 中国储运 (12):85-88.

何海波,2017. 国内外网络零售市场发展状况对比分析 [J]. 商业经济研究 (7):133-135.

何蜜斯,2012. 从"四流"分析网络购物与传统购物的异同及优劣 [J]. 电子商务 (11):24-25.

黄浩,2016. 中国电子商务:流通变革、挑战与对策 [J]. 企业经济 (7):148-153.

黄浩,2017. 网络零售对传统商业的冲击及政策建议 [J]. 经济纵横 (5):32-37.

黄晓洁,2001. 电子商务环境下现代物流的理论研究 [D]. 广州:广东工业大学.

康瑞珍,张春香,2011.对我国网络零售中的问题思考[J].重庆电子工程职业学院学报,20(4):34-35.

雷兵,2017.网络零售生态系统种群成长的系统动力学分析[J].管理评论,29(6):152-164.

黎红秀,2000.企业电子商务中的物流、资金流、信息流[J].商业研究(10):53-54.

李飞,2012.迎接中国多渠道零售革命的风暴[J].北京工商大学学报(社会科学版),27(3):1-9.

李飞,2013.全渠道零售的含义、成因及对策:再论迎接中国多渠道零售革命风暴[J].北京工商大学学报(社会科学版),28(2):1-11.

李飞,2018.零售革命[M].修订版.北京:经济科学出版社.

李飞,李达军,孙亚程,2018.全渠道零售理论研究的发展进程[J].北京工商大学学报(社会科学版),33(5):33-40.

李桂华,刘铁,2011.传统零售商"优势触网"的条件与权变策略[J].北京工商大学学报(社会科学版),26(5):6-12.

李海瑞,2006.零售业网上与传统业务整合模式探讨[J].经济研究导刊(5):119-121.

李建忠,2007.电子商务核心价值链研究:模型构建与实现[J].电子商务(3):58-61.

李骏阳,2016.当前我国零售行业发展态势和供给侧改革[J].中国流通经济,30(11):5-11.

李义,2015.基于大数据的京东商城广告传播策略分析[D].保定:河北大学.

李永发,2013.中国网络零售生态系统的扩容[J].贵阳学院学报(自然科学版),8(4):44-51.

李玉龙,李雪欣,2015.传统大型零售企业"O2O"双重商业模式整合分析[J].学习与实践(2):23-30.

李志刚,2015.创京东:刘强东亲述创业之路[M].北京:中信出版集团.

梁弘秀,黄宗捷,2002.电子商务信息及信息流的理论分析[J].成都信息工程学院学报,17(3):200-205.

廖英敏,2012.我国网络零售业的发展趋势与影响[J].中国市场(33):66-69.

刘华军,刘军,2001.电子商务对物流及其管理的影响[J].商务储运与养护(1):25-29.

刘俊,2016.京东,电商引领未来:京东成功的秘密[M].广州:广东经济出版社.

刘文纲,郭立海,2013.传统零售商实体零售和网络零售业务协同发展模式研究[J].北京工商大学学报(社会科学版),28(4):38-43.

刘向东,2014.移动零售下的全渠道商业模式选择[J].北京工商大学学报(社会科学版),29(3):13-17.

刘煜,刘遗志,汤定娜,2016.互联网时代零售企业构建全渠道商业模式的探讨[J].北京工商大学学报(社会科学版),31(6):34-42.

吕文丰,2014.京东商城的竞争战略研究[D].济南:山东大学.

吕玉明,吕庆华,2013.中美网络零售业比较与我国网络零售业发展路径研究[J].宏观经济研究(4):100-106.

牛文俊,2003.电子商务信息流优化研究[D].成都:西南石油学院.

钱颖萍,2020.企业智慧物流技术应用现状:以京东物流为例[J].中国储运(11):119-121.

秦华,2007.如何实现电子商务环境下物流与信息流的协同[J].长沙铁道学院学报(社会科学版),8(1):91-93.

任毅,2010.垂直类 B2C 营销战略与策略研究 [D].成都：西南财经大学.

阮利男,2016.大数据时代精准营销在京东的应用 [D].成都：电子科技大学.

社会智库电子商务研究中心,2018.2018 年中国跨境进口零售电商行业发展研究报告 [EB/OL].
　　(2018-05-02)[2018-05-02].https://report.iresearch.cn/report/201805/3203.shtml.

申文果,2002.传统零售模式与网络零售模式的融合 [J].商业研究 (8):142-144.

慎忱怡,2002.电子商务环境下的物流信息化 [D].上海：华东师范大学.

水藏玺,吴平新,2017.互联网 +：中外电商发展路线图 [M].北京：中国纺织出版社.

苏玉峰,2017.网络零售业态发展的经济效应及对策分析 [J].商业经济研究 (12):44-46.

孙艳霞,2012.网络零售企业网点式物流配送模式探讨 [J].现代管理科学 (4):101-103.

汪旭晖,张其林,2013.多渠道零售商线上线下营销协同研究：以苏宁为例 [J].商业经济与管理
　　(9):37-47.

汪旭晖,李晓宇,张其林,2014.多渠道零售商线上线下物流共生体构建模型及策略 [J].财经论
　　丛 (7):82-89.

王宝义,2015.电商与快递跨界经营的理论基础与现实分析 [J].西部论坛,25(6):32-43.

王宝义,2017.中国电子商务网络零售产业演进、竞争态势及发展趋势 [J].中国流通经
　　济,31(4):25-34.

王宝义,桑惠云,2019.网络零售的演进阶段、特征及理论耦合分析 [J].重庆工商大学学报 (社
　　会科学版),36(3):47-55.

王超贤,2016a.中美差异化网络零售模式根源的探索 [J].现代管理科学 (1):58-60.

王超贤,2016b.中美网络零售组织模式本质差异的识别与刻画 [J].中国科技论坛 (4):140-146.

王道平,何海燕,2003.我国电子商务物流的发展对策研究 [J].工业工程,6(2):29-32.

王国顺,陈怡然,2013.零售企业实体与网络零售协同下商业模式要素的构成 [J].中南大学学报
　　(社会科学版),19(6):41-47.

王国顺,何芳菲,2013.实体零售与网络零售的协同形态及演进 [J].北京工商大学学报 (社会科
　　学版),28(6):27-33.

王国顺,邱子豪,2012.零售企业网上与实体零售的比较及协同路径选择 [J].财经理论与实
　　践,33(4):110-113.

王海波,2016a.网络零售业态发展的经济效应及对策 [J].理论与改革 (1):161-164.

王海波,2016b.我国零售业态演化的研究 [D].北京：北京交通大学.

王珊珊,2020.电商企业物流模式研究：以京东商城为例 [D].哈尔滨：东北农业大学.

王硕,2007.电子商务概论 [D].合肥：合肥工业大学.

王长斌,2013.网络零售企业竞争优势驱动因素研究 [J].北京工商大学学报 (社会科学
　　版),28(3):47-54.

魏俊飞,2015.电子商务背景下我国流通企业物流模式创新思考：以某食品公司打造第四方物流
　　模式为例 [J].物流技术,34(4):61-64.

吴小丁,2015.商品流通论 [M].3 版 .北京：科学出版社 .

夏春玉,2019.流通概论 [M].5 版.大连:东北财经大学出版社.

夏颖,2013.浅谈"四流"角度下的网络购物与传统购物的比较 [J].经济研究导刊 (32):269-271.

肖菲,2019.网络零售平台、第三方支付及快递业共生关系分析 [J].商业经济研究 (24):99-101.

谢蓉,2010.电子商务的物流模式探讨 [J].物流科技 (9):78-80.

徐存宝,张歌凌,2007.电子商务对物流的影响 [J].中国市场 (32):68-69.

严立浩,李健强,2010.网络零售中介代理研究:以淘宝为例 [J].中国市场 (49):83-85.

叶秀敏,2017.中国电子商务发展史 [M].太原:山西经济出版社.

瞿盂月,朱瑾,2016.菜鸟网络发展现状、问题及对策研究 [J].物流技术,35(6):63-67.

张党利,2018.电子商务视角下零售渠道探讨 [J].商业经济研究 (16):67-70.

张磊,2010.电子商务物流及其运作模式研究 [D].上海:上海交通大学.

张琳,2015.零售企业线上线下协同经营机制研究 [J].中国流通经济,29(2):57-64.

张馨元,2019.基于 SCP 范式分析我国网络零售业现状 [J].现代商业 (22):32-33.

张赞,凌超,2012.基于 SCP 范式的中国网络零售产业组织现状分析 [J].经济问题探索 (2):42-48.

赵楠,2017.中美网络零售业的对比及借鉴 [J].商业经济研究 (22):68-70.

郑淑蓉,吕庆华,2013.中国电子商务 20 年演进 [J].商业经济与管理 (11):5-16.

中国国际电子商务中心,2015.中国电子商务报告 2015[R/OL].(2015-03-25)[2022-10-20].
    http://www.doc88.com/p-5415818389246.html.

中国国际电子商务中心,2017.中国电子商务报告 2016[R/OL].(2017-06-14)[2022-10-20].
    http://dzsws.mofcom.gov.cn/article/dzsw/tjjc/201706/20170602591881.shtml.

中国国际电子商务中心,2018.中国电子商务报告 2017[R/OL].(2018-05-31)[2022-10-20].
    http://dzsws.mofcom.gov.cn/article/ztxx/ndbg/201805/20180502750562.shtml.

中国国际电子商务中心,2019.中国电子商务报告 2018[R/OL].2019-05-30)[2022-10-20].
    http://dzsws.mofcom.gov.cn/ article/ ztxx/ndbg/201905/20190502868244.shtml.

中国国际电子商务中心,2020.中国电子商务报告 2019[R/OL].(2020-07-02)[2020-07-02].
    http://dzsws. mofcom.gov.cn/article/ztxx/ndbg/202007/20200702979478.shtml.

中国互联网络信息中心,2019a.第 43 次中国互联网络发展状况统计报告 [R/OL].(2019-03-04)
    [2022-05-04].https://blog.csdn.net/weixin_43851310/article/details/88110995.

中国互联网络信息中心,2019b.第 44 次中国互联网络发展状况统计报告 [R/OL].(2019-08-30)
    [2022-05-04].http://www.cac.gov.cn/2019-08/30/c_1124938750.htm.

中国连锁经营协会,2016.2016 中国网络零售市场发展研究报告 [R/OL].(2016-11-15)[2016-11-
    15].http://www. 100ec.cn/detail-6369542.html.

中国市场调查网,2015.2015 年农村互联网发展状况研究报告 [R/OL].(2016-08-30)[2020-07-
    02].http://www.cac.gov.cn/2016-08/30/c_1121534506.htm.

周子善,2022.跨界融合时代下物流产业链末端场景化服务创新研究 [J].商业经济研究 (9):104-107.

阿部真也,宫崎哲也,2012.クラウド＆ソーシャルネット時代の流通情報革命プラットフォー
    ムの覇者は誰か！?[M].東京:秀和システム.

阿部真也, 江上哲, 吉野純一, 等, 2016. インターネットは流通と社会をどう変えたか [M]. 東京: 中央経済社.

坂川裕司, 2007. 小売業における品揃え規模の優位性 [J]. 經濟學研究, 57(1):51-62.

坂川裕司, 2011. 小売フォーマット開発の分析枠組 [J]. 経済学研究, 60(4):61-76.

坂下昭宣, 2004a. エスノグラフィー・ケーススタディ・サーベイリサーチ [J]. 国民経済雑誌, 190(2):19-30.

坂下昭宣, 2014b. 因果分析の方法: ケーススタディとサーベイリサーチの方法論的比較 [J]. 商学論究, 61(4):25-44.

陳浩博, 2020. 中国消費者のネットショッピング行動: アリババ社の Tmall サイトのユーザーを対象に [M]. 東京: 専修大学出版局.

陳浩博, 金成洙, 2019. Tmall.com の競争戦略の分析: マクロ的視点から [J]. 専修経営学論集 (107): 69-79.

成田景堯, 2020. ネット通販マーケティングの特徴についての一考察: Semir EC の事例を中心に [J]. 松山大学論集, 32(3):87-111.

成田景堯, 秦小紅, 2021. 流通入門 [M]. 増補版. 東京: 五絃舎.

池尾恭一, 2005. 小売業態の動態における真空地帯と流通技術革新 [J]. 商業論究, 52(4):71-95.

大谷卓史, 2012. インターネット EC の生成と展開: 社会史の試み [J]. 吉備国際大学研究紀要 (人文・社会科学系) (22): 59-82.

大下剛, 2018. オムニチャネル小売業のロジスティクスに関する考察: 通信販売事業のロジスティクス研究から得られる示唆 [J]. 商学研究論集 (49): 109-123.

大下剛, 2021. オムニチャネル小売業のロジスティクス統合 [M]. 東京: 同友館.

渡辺達朗, 2013. 中国流通のダイナミズム [M]. 東京: 白桃書房.

渡辺達朗, 2015. 中国・東南アジアにおける流通・マーケティング革新 [M]. 東京: 白桃書房.

渡辺達朗, 2016. 中国におけるネット小売市場の拡大とビジネスモデル進化に関する事例研究: 品揃え・チャネル・国境の壁を超える展開の検討 [J]. Journal of the Academic Society of Direct Marketing(15): 33-56.

渡辺達朗, 原頼利, 遠藤明子, 等, 2008. 流通論をつかむ [M]. 東京: 有斐閣.

二宮麻里, 1998. 商業の競争過程: 商人の多様性をめぐって [J]. 経営研究, 49(2):97-109.

番場博之, 2016. 基礎から学ぶ流通の理論と政策 [M]. 新版. 東京: 八千代出版.

馮嘉会, 汪志平, 2019. 中国におけるネットショッピングの発展 [J]. 札幌大学総合論叢 (47):111-128.

馮晏, 2019. アリババグループにみるプラットフォームの進化 [J]. 横浜市立大学論叢 (社会科学系列), 71(3):155-184.

福永良浩, 2014. ソーシャルメディアが電子商取引に与える影響 [J]. 九州産業大学経営学会経営学論集, 25(1):19-30.

岡本哲弥, 2003. 流通機能表の系譜と情報流通 [J]. 経済論叢, 171(3):144-167.

岡本哲弥 ,2008. 情報化時代の流通機能論 [M]. 京都：晃洋書房 .

高嶋克義 ,1999. 品揃え形成概念の再検討 [J]. 流通研究 ,2(1): 1-13.

高嶋克義 ,2004.E コマースにおける競争構造 [J]. 国民経済雑誌 ,190(4):31-43.

高嶋克義 ,2007. 小売業態革新に関する再検討 [J]. 流通研究 ,9(3):33-51.

高嶋克義 ,2012. 現代商業学 [M]. 新版 . 東京：有斐閣 .

高嶋克義 ,2013. 小売業における革新の仕入れ行動の考察 [J]. 流通研究 ,15(1):1-14.

高嶋克義 ,2018. 品揃え形成における投機的局面と延期的局面 [J].JSMD レビュー ,2(1):13-21.

高嶋克義 , 高橋郁夫 ,2020. 小売経営論 [M]. 東京：有斐閣 .

高嶋克義 , 金雲鎬 ,2018. オムニチャネル化の組織的課題：小売企業における戦略転換の組織
的制約 [J]. 国民経済雑誌 ,217(3):1-10.

高橋秀雄 ,2010. 消費者向け電子商取引に関する再考察 [J]. 中京企業研究 (32):15-26.

高橋秀雄 ,2018. 電子マーケティング・チャネルの管理について [J]. 総合政策論叢 (9):1-17.

高橋秀雄 ,2019. 小売業の研究について [J]. 総合政策論叢 (10):1-16.

宮武宏輔 ,2017. 日本におけるネット通販物流の構造変化 [J]. 流通経済大学流通情報学部紀
要 ,21(2):281-288.

関根孝 ,2012. 最近における中国家電品流通の特徴：優越的地位変動の視点から [J]. 専修商学
論集 (95):39-58.

廣井和重 ,2013. ソーシャルメディアデータ利活用の可能性 [J]. 情報知識学会誌 ,23(4): 462-472.

郝国芳 ,2015. プラットフォーム戦略の視点から見たアリババグループの成功要因と課題分析
[J]. 商大ビジネスレビュー ,4(3):47-61.

黒田重雄 ,2018. ビッグデータ、人工知能 (AI)、そしてマーケティング学：人工知能の技術的
発達とマーケティングへの影響に関する一考察 [J]. 北海学園大学経営論集 ,15(4):147-170.

胡左浩 , 康上賢淑 , 臧樹偉 , 等 ,2017. インターネット時代のマルチチャネル小売企業のクロ
スチャネル統合：《七匹狼》とインマンを事例に [J]. 鹿児島経済論集 ,58(1):1-22.

許海珠 ,2019.IT 企業の成長と変貌する中国：アリババとテンセントを通して [J]. 関西大学経
済論集 ,68(4):261-284.

荒川祐吉 ,1960. 現代配給理論 [M]. 東京：千倉書房 .

荒川祐吉 ,1972. 商業構造と流通合理化 [M]. 東京：千倉書房 .

加藤司 ,2003. 商業的需給調整メカニズムについて [J]. 経営研究 ,53(4):91-107.

加藤義忠 , 斎藤雅通 , 佐々木保幸 ,2007. 現代流通入門 [M]. 東京：有斐閣 .

兼村栄哲 ,1995. 流通フロー概念に内在する諸問題 [J]. 産業経 (21): 249-264.

金堅敏 ,2007. 中国における電子商取引企業のビジネスモデル [J].Economic Review(7):48-69.

近藤公彦 ,1998. 小売業商業形態論の課題：業態変動のミクロ基礎 [J]. 流通研究 ,1(2):44-56.

近藤公彦 ,2015. 小売業におけるオムニチャネル化とチャネル統合：《特集》流通革新の再検
討 [J]. 国民経済雑誌 ,212(1):61-73.

近藤公彦 ,2018. 日本型オムニチャネル化の特質と理論的課題 [J]. 流通研究 ,21(1):77-89.

近藤公彦 , 中見真也 ,2019. オムニチャネルと顧客戦略の現在 [M]. 東京 : 千倉書房 .

井上葉子 ,2019. マルチプラットフォーム企業のビジネス・エコシステム : アリババグループ
の経営とグローバル化を中心に [J]. 商学集志 ,88(4):49−68.

井上哲浩 ,2014. ビッグ・データ環境下におけるマーケティング戦略と消費者行動 [J]. マーケ
ティングジャーナル ,34(2): 5−18.

久保村隆祐 , 荒川祐吉 ,1974. 商業学 [M]. 東京 : 有斐閣 .

菊池一夫 ,1999. 小売経営形態革新に関する基礎研究 [J]. 商学研究論集 (10):131−150.

孔令建 ,2016. 中国におけるインターネット通信販売の実態と問題点 [J]. 神奈川大学アジア・レ
ビュー (3): 56−67.

孔令建 ,2017. 中国のネット通信販売における消費者信頼欠如問題 : 解決策とその問題点を中
心にして [J]. 神奈川大学アジア・レビュー (4):32−43.

孔令建 ,2018. ネット通信販売の誕生と位置付けに関する一考察 [J]. 経済貿易研究 (44): 39−49.

堀純一郎 ,2013. ソーシャルメディアのマーケティングへの活用 [J]. 日本印刷学会誌 ,50(2):
108−115.

李雪 ,2013. 急成長する中国のネットショッピング市場 : ネット通販企業の戦略と課題 [J]. 流
通情報 (504):46−59.

林克彦 , 根本敏則 ,2016. ネット通販と宅配便における物流革新 [J].IATSS review,41(1): 47−55.

鈴木安昭 ,2010. 新・流通と商業 [M].5 版 . 東京 : 有斐閣 .

鈴木安昭 , 田村正紀 ,1980. 商業論 [M]. 東京 : 有斐閣 .

劉潤 ,2019. 新・小売革命 [M]. 東京 : 中信出版日本株式会社 .

劉亜氷 ,2018. インターネット通販の物流に関する研究動向 : ラストマイルの問題を中心に [J].
明大商学論叢 ,100(3): 319−332.

柳偉達 ,2016. 中国の流通近代化に関する一考察 [J]. 近畿大学短大論集 ,49(1): 43−55.

柳偉達 ,2018. 中国の小売業における電子商取引の発展について [J]. 近畿大学短大論
集 ,51(1):11−24.

木地節郎 ,1987. 品揃え経路としての流通経路の性格 [J]. 同志社商学 ,39(2/3):69−84.

片野浩一 ,2014. 小売業フォーマットの漸進的イノベーションと持続的競争優位 [J]. 流通研
究 ,17(1):75−96.

平林信隆 ,2017. ビッグデータ活用の企業戦略と組織の事例研究 [J]. グローバルビジネスジャ
ーナル ,3(1):37−48.

青木均 , 石川和男 , 尾碕真 , 等 ,2014. 新流通論 [M]. 改訂版 . 東京 : 創成社 .

青木均 , 尾碕真 , 岡野純司 ,2020. 最新流通論 [M]. 東京 : 創成社 .

三村優美子 , 朴正洙 ,2015. 新市場開拓における通信販売の可能性 : 単品通販に注目して [J].
マーケティングジャーナル ,35(1):50−65.

森山博之 ,2015. 中国消費をけん引するインターネット通販 .ARC リポート :RS−922[R].[S.l.: s.n.].

深代政吾 ,2013. 小売業の機能と業態に関する再考察 [J]. 商学研究集 (38):101−119.

辻紳一 ,2019. 商業集積の魅力度向上に関する研究 : 地域型商店街の品揃え形成を強化する実践的研究 [J]. 日本経営診断学会論集 ,18(0):21-27.

石川和男 ,2016. 小売業態をめぐる認識と研究展開 [J]. 専修商学論集 (102):1-16.

石川和男 ,2018. 基礎からの商業と流通 [M].4 版 . 東京 : 中央経済社 .

石井淳蔵 , 向山雅夫 ,2009. 小売業の業態革新 [M]. 東京 : 中央経済社 .

石原武 ,1984. ほか訳 . マーケティング行動と経営者行為 [M]. 東京 : 千倉書房 .

石原武政 ,1997. コミュニティ型小売業の行方 [J]. 経済地理学年報 ,43(1): 37-47

石原武政 ,1999a. 売買集中の原理と商業集積 [J]. 経営研究 (大阪市立大学),50(1/2):1-16.

石原武政 ,1999b. 小売業における業種と業態 [J]. 流通研究 ,2(2):1-14.

石原武政 ,2000. 商業組織の内部編成 [M]. 東京 : 千倉書房 .

石原武政 ,2005. 小売業における売買集中の原理の作用様式 [J]. 商學論究 ,4(52):1-18.

石原武政 , 加藤司 ,2002. ビジネス・エッセンシャルズ⑤流通 [M]. 東京 : 有斐閣 .

石原武政 , 池尾恭一 , 佐藤善信 ,2000. 商業学 : 新版 [M]. 東京 : 有斐閣 .

石原武政 , 竹村正明 , 細井謙一 ,2018. からの流通論 [M]. 東京 : 中央経済社 .

矢作敏行 ,1996. 現代流通 [M]. 東京 : 有斐閣 .

矢作敏行 ,2007. 小売国際化プロセス : 理論とケースで考える [M]. 東京 : 有斐閣 .

矢作敏行 ,2021. コマースの興亡史 : 商業論理・流通革命・デジタル破壊 [M]. 東京 : 日本経済新聞出版社 .

藪内正樹 ,2018. 電子商取引からデジタル中国へ : 中国の政治・経済・社会の変革 [J]. 敬愛大学研究論集 (93): 43-68.

天野了一 ,2020. ネットショップ : その誕生とインパクト [J]. 社会科学 ,49(4): 67-94.

田村晃二 ,2002. 情報縮約・斉合の原理と商業者の社会性 [J]. 経営研究 ,53(3): 171-188.

田村正紀 ,2001. 流通原理 [M]. 東京 : 千倉書房 .

田村正紀 ,2006. リサーチ・デザイン : 経営知識創造の基本技術 [M]. 東京 : 白桃書房 .

田村正紀 ,2016. 経営事例の物語分析 : 企業盛衰のダイナミクスをつかむ [M]. 東京 : 白桃書房 .

田村正紀 ,2019. 流通モード進化論 [M]. 東京 : 千倉書房 .

田口冬樹 ,2016. 体系流通論 : 新版 [M]. 東京 : 白桃書房 .

田口冬樹 ,2019. 流通イノベーション研究 : アマゾンの成長過程と競争優位の源泉 [J]. 専修経営学論集 (108): 41-76.

田口冬樹 ,2020. 流通イノベーション研究 : アリババの成長過程とエコシステムの展開について [J]. 専修経営学論集 (110):1-42.

田口冬樹 , 金成洙 , 石崎徹 , 等 ,2019. 中国における BtoC 電子商取引の研究 : オンラインとオフライン事業の展開 [J]. 専修マネジメント・ジャーナル ,9(2):9-22.

丸山正博 ,2020. 電子商取引と e ビジネス : ネット通販からプラットフォーム、AI の活用へ [M]. 東京 : 八千代出版 .

王慧娟 ,2020. 流通アンバンドリング現象の考察 : 中国食品スーパー盒馬鮮生の事例 [J]. 東アジア日本学研究 (4): 219-230.

梶村太市,石田賢一,2006.特定商取引法 [M].東京:青林書院.

梶原勝美,2013.ネット通販流通革命 [J].専修マネジメント・ジャーナル,3(2):53-65.

梶原勝美,2017.インターネットとブランド・マーケティング [J].商学研究所報,48(6):1-18.

西川英彦,2006.品揃え物概念の再考:無印良品の事例研究 [J].一橋ビジネスレビュー,54(1):84-97.

西島博樹,2012.分散的集中としての商業:売買集中の原理再考 [J].佐賀大学経済論集,45(1):135-149.

西岡健一,2016.情報通信技術によるマーケティングの進化と新たな研究動向 [J].マーケティングジャーナル,35(3):26-44.

箱木禮子,1982.産業としての小売業と製品差別 [J].学論集,50(4):186-205.

向山雅夫,1985.小売商業形態展開論の分析枠組:Ⅰ [J].武蔵大学論集,33(2/3):127-144.

向山雅夫,1986.小売商業形態展開論の分析枠組:Ⅱ [J].武蔵大学論集,33(4):17-45.

向山雅夫,1996.ピュア・グローバルへの着地:もの作りの深化プロセス探求 [M].東京:千倉書房.

向山雅夫,2021.ベーシック流通と商業 [M].新版.時空間を超えるニュービジネス:ネット小売の世界 [M]..東京:有斐閣.

小川進,1993.小売商業形態研究の現状と課題 [J].研究年報 (経営学・会計学・商学)(39):219-244.

小宮一高,2003.自己目的志向の小売業者と品揃え形成 [J].流通研究,6(1):81-93.

小嶋秀信,2020.中国ダブルイレブンの成長:2019 年 W11 における特徴とそこから読み解:中国 EC 市場 [J].東海大学総合社会科学研究 (3):43-48.

謝憲文,2004.中国における電子商取引の展開:B to C 市場の現状と課題 [J].名城論叢,4(4):31-47.

懸田豊,住谷宏,2016.現代の小売流通 [M].2 版.東京:中央経済社.

岩永忠康,西島博樹,片山富弘,2011.現代流通の基礎 [M].東京:五絃舎.

野口智雄,2019.入門・現代流通論 [M].東京:日本評論社.

依田祐一,水越康介,本條晴一郎,2016.AI を活用したユーザーニーズの探索プロセスにおける「結果」と「理由」に係る一考察:Amazon.com と Google をもとに [J].立命館経営学,55(3):105-127.

羽田昇史,1999.現代の流通・商業 [M].3 版.東京:学文社.

増田悦夫,2014.小売業におけるチャネル連携 (オムニチャネル) への動きと今後の課題 [J].流通経済大学流通情報学部紀要,18(2):43-57.

増田悦夫,2018.スマート・デジタルロジスティクスの実際:情報システムはこれからの物流をいかに支援するか [J].情報管理,60(11):788-797.

斎藤実,2014.インターネット通販の成長と物流のラストマイル問題 [J].商経論叢,49(2/3):193-219.

斎藤実,2021.E コマース時代におけるアマゾンの物流戦略 [J].経済貿易研究:研究所年報 (47):39-62.

斎藤雅通 ,2003. 小売業における製品概念と小売業態論 [J]. 立命館経営学 ,41(5):33−49.

張華 ,2017. 中国 e コマース企業のビジネスモデルに関する研究 : 淘宝網 (タオハオ) の事例を中心に [J]. 現代ビジネス研究 (10):5−16.

中村忠之 ,2015. ネットビジネス進化論 [M]. 東京 : 中央経済社 .

中山雄司 ,2003. 流通機能の機関代替性に関する経済分析 [J]. 流通研究 ,6(1):13−30.

中田善啓 ,2012. ロングテール現象と小売プラットフォーム [J]. 甲南経営研究 ,51(4):1−29.

中原龍輝 ,2015. 商業・流通マーケティング [M]. 東京 : 創成社 .

中原秀登 ,2018. ビッグデータ利活用による開発体制の特徴 [J]. 千葉大学経済研究 ,33(1/2): 1−54.

仲上哲 ,2015. 消費縮小状況において小売商業が主導する流通機能の変化 [J]. 阪南論集 (社会科学編),50(2):21−38.

周子善 ,2021. ネット小売の分類と展開 : 中国ネット小売市場を中心に [J]. 流通科学大学論集 (流通・経営編),34(1):1−25.

竹元雅彦 ,2005. 小売形態の進化とインターネットビジネス [J]. 修道商学 ,46(1):37−158.

住谷宏 ,2019. 流通論の基礎 [M].3 版 . 東京 : 中央経済社 .

佐藤敏久 ,2012. 小売マーケティングにおける供給ネットワーク化に関する考察 : サプライ・チェーンからネットワークへ [J]. 日本経営診断学会全国大会予稿集 : 48−51.

佐藤秀典 ,2009. ケース・スタディの魅力はどこに？ : 経営学輪講 Eisenhardt :1989[J]. 赤門マネジメント・レビュー ,8(11): 675−686.

佐々木喜一郎 ,2016. 小売業におけるオムニチャネル戦略とクラウドコンピューティング [J]. 岐阜経済大学論集 ,49(2/3):61−81.

佐々木信彰 ,2016. 現代中国の産業と企業 [M]. 京都 : 晃洋書房 .

ABHISHEK V, JERATH K,ZHANG Z J, 2012.To Platform−Sell or Resell:Channel Structures in Electronic Retailing[J].Management Science:1−33.

ABHISHEK V, JERATH K, ZHANG Z J, 2016.Agency Selling or Reselling? Channel Structures in Electronic Retailing[J].Management Science,62 (8):2259−2280.

AGATZ N , FLEISCHMANN M , Nunen J , 2008. E−Fulfillment and Multi−Channel Distribution:a Review[J]. Erim Report, 187(2):339−356.

ALDERSON W,1957.Marketing Behavior and Executive Action:a Functional Approach to Marketing Theory[M].Homewood: Richard D.Irwin.

ANDERSON C,2006.The Long Tail:Why the Future of Business Is Selling Less of More[M]. New York : Hyperion Books.

ASHWORTH C J , SCHMIDT R A, PIOCH E A , et al., 2009. An approach to sustainable "fashion" e−retail: A five−stage evolutionary strategy for "Clicks−and−Mortar" and "Pure−Play" enterprises[J]. Journal of Retailing & Consumer Services, 13(4):289−299.

AVERY J , STEENBURGH T J , DEIGHTON J , et al., 2012. Adding Bricks to Clicks: Predicting the Patterns of Cross−Channel Elasticities Over Time[J]. Journal of Marketing, 76(3):96−111.

BABA M C, 2015.Cost reduction analysis in the online retail as compared to the classic retail[J]. Economics Science,8(57): 141−146.

BAKOS Y,2001.The emerging landscape for retail e−commerce[J].J.Econom.Perspectives,15(1): 69−80.

BARUTCU S, TUNCA M Z,2012.The impacts of e−SCM on the e−tailing industry:an analysis from Porter's five force perspectives[J]. Procedia−Social and Behavioral Sciences,58:1047−1056.

BECK N, RYGL D, 2015. Categorization of multiple channel retailing in Multi−, Cross−, and Omni−Channel Retailing for retailers and retailing[J]. Journal of Retailing & Consumer Services, 27(11):170−178.

BELL D R , GALLINOS, MORENO A, 2014. How to Win in an Omnichannel World[J]. Mit Sloan Management Review, 56(1):45−53+92.

BELL D R , GALLINO S , MORENO A, 2016 . Offline Showrooms in Omnichannel Retail:Demand and Operational Benefits[J]. Management Science, 4(64): 1−43.

BELL D R, CHOI J, LODISH L,2012.What Matters Most in Internet Retailing[J].Sloan Management Review, 54 (1):27−33.

BORENSTEIN S, GARTH S,2001.Economics and Electronic Commerce[J].Journal of Economic Perspectives,15 (1):3−12.

BOURLAKIS M, MELEWAR T, XING Y, et al., 2011. The interface between retailers and logistics service providers in the online market[J]. European Journal of Marketing,3(45): 334−357.

BUCKLIN A,LOUIS P,1966. Theory of Distribution Channel Structure[D].Berkeley, CA: IBER University of California.

BURT S, SPARKS L,2003.E−commerce and the retail process:a review[J].Journal of Retailing and Consumer Services,10(5):275−286.

BURTON S,2002.Where are all the shoppers? E−tailing lessons for the Asia Pacific[J].Quarterly Journal of electronic commerce, 3(4):331−342.

CEN Y, ZHANG J, WANG G, et al., 2020.Trust Relationship Prediction in Alibaba E−commerce Platform[J].IEEE Transactions on Knowledge and Data Engineering,32(5): 1024−1035.

CHEN J, TAO Y, WANG H,et al., 2015. Big data based fraud risk management at Alibaba[J]. J. Finance.Data Sci.,1(1): 1−10.

CHIANG W K, FENG Y, 2010. Retailer or e−tailer? Strategic pricing and economic−lot− size decisions in a competitive supply chain with drop− shipping[J].Journal of the Operational Research Society,61: 1645−1653.

CLARK F E,1922.Principles of Marketing[M].New York: Macmillan Publishing Company.

CLARK F E,CLARK C P, 1942.Principles of Marketing[M].New York: Macmillan Publishing Company.

CUI R, LI M, LI Q, 2019. Value of High−Quality Logistics:Evidence from a Clash between SF Express and Alibaba[J].Management Science,66(9): 3879−3902.

DANIAU P, 2015.The Influence of the Advent of the Online Retail on the Physical Retailing[J]. Scholedge International Journal of Management & Development, 2(3).

DOBBS R, CHEN Y,ORR G,et al.,2013.China's e-tail revolution online shopping as a catalyst for growth[EB/OL].(2013-03-01)[2013-03-01].https://www.mckinsey.com/featured-insights/asia-pacific/china-e-tailing.

DOHERTY N F , ELLIS-CHADWICK F , 2006. New perspectives in internet retailing: a review and strategic critique of the field[J]. International Journal of Retail & Distribution Management, 34(4/5):411-428.

DOHERTY N F, ELLIS-CHADWICK F,2010a. Internet retailing:the past, the present and the future[J].International Journal of Retail & Distribution Management, 38 (11/12): 943-965.

DOHERTY NEIL F, ELLIS-CHADWICK F, 2010b. Evaluating the role of electronic commerce in transforming the retail sector[J].The International Review of Retail, Distribution and Consumer Research,20(4) : 375-378.

DOHERTY N F , ELLIS-CHADWICK F, HART C A , 1999. Cyber retailing in the UK: the potential of the Internet as a retail channel[J]. International Journal of Retail & Distribution Management, 27(1):22-36.

EISENHARDT K M, 1989.Building theories from case-study research[J]. Academy of Management Review,14(4): 532-550.

EISENHARDT K M,1991.Better stories and better constructs:the case for rigor and comparative logic[J].Academy of Management Review, 16(3): 620-627.

EISENHARDT K M, GRAEBNER M E, 2007.Theory building from cases:Opportunities and challenges[J].Academy of Management Journal,50(1): 25-32.

EVANS P, WURSTER T S,1999. Getting Real About Virtual Commerce[J].Harvard Business Review(1): 84-94.

FERNIE D B, SCHULZ J B,2014.Enablers and Barriers in German Online Food Retailing[J]. Supply Chain Forum:an International Journal,3(15) : 4-11.

FERNIE J , SPARKS L, 2009 . Logistics and Retail Management: Emerging Issues and New Challenges in the Retail Supply Chain[M]. London : Kogan Page.

GERGI G, VERENA K,2022.E-Business Models-The Physical Touchpoint of Online Retailers in Business Model Frameworks[EB/OL].(2022-08-24)[2022-08-24]. http://lup.lub.lu.se/ student-papers/ record/8875959.

GIAGLIS G M, KLEIN S, O'KEEFE R M, 2002.The Role of Intermediaries in Electronic Marketplaces: Developing a Contingency Model[J]. Information Systems Journal,12(3):231-246.

GREWAL D, IYER G R, LEVY M, 2004. Internet retailing: enablers, limiters and market consequences[J]. Journal of Business Research, 57(7):703-713..

GUAN S, 2019.Transformation Development Path of China's Retail Industry in the Visual Threshold of Comparison on Online Retails in China and the United States[J]. Argos,36(74): 261−268.

GUNASEKARAN A, MARRIB H B, MCGAUGHEYC R E,et al.,2002. E−commerce and its impact on operations management[J].International Journal of Production Economics ,75 (1/2), 185−197.

GURÃU C, RANCHHOD A, HACKNEY R, 2001.Internet transactions and physical logistics:conflict or complementarity？ [J]. Logistics Information Management,14(1/2): 33−43.

HAGBERG J, SUNDSTROM M, EGELS−ZANDÉN N,2016.The digitalization of retailing:an exploratory framework[J]. International Journal of Retail & Distribution Management,44(7): 694−712.

HAGIU A,2007. Merchant or Two−Sided Platform?[J]. Review of Network Economics,6(2): 115−133.

HAGIU A, JULIAN W,2015.Marketplace or Reseller?[J]. Management Science,61(1): 184−203.

HE P, ZHANG S S, HE C,2019.Impacts of logistics resource sharing on B2C E−commerce companies and customers[J]. Electronic Commerce Research and Applications,34: 1−15.

HUANG X, 2021. A Data−Driven Research of Sales and Purchases on JD.com Platform[J]. Intelligent Information Management,13: 31−49.

JIANG B , JERATH K , SRINIVASAN K, 2011. Firm Strategies in the "Mid Tail" of Platform−Based Retailing[J]. Marketing Science, 30(5):757−775.

JOONG - KUN C, OZMENT J, SINK H , 2008. Logistics Capability, Logistics Outsourcing and Firm Performance in an E−commerce Market[J]. International Journal of Physical Distribution & Logistics Management, 38(5):336−359.

KENNEDY A , COUGHLAN J, 2006.Online shopping portals: an option for traditional retailers?[J]. International journal of retail & distribution management,34(7):516−528.

KIANG M Y,CHI R T, 2001. A Framework for Analyzing the Potential Benefits of Internet Marketing[J]. Journal of Electronic Commerce Research,2(4): 157−163.

KIM J , SHARMA S, SETZEKORN K, 2002. A framework for building brand equity online for pure−play B2C retailers and services[J]. International Journal on Media Management, 4(2):123−133.

KOTZAB H,MADLBERGER M, 2001.European retailing in e−transition? An empirical evaluation of Web−based retailing−indications from Austria[J].International Journal of Physical Distribution & Logistics Management,31(6): 440−462.

LEUNG K H, CHOY K L, SIU K Y, et al., 2017.A B2C E−commerce Intelligent System for Re−engineering the E−Order Fulfilment Process[J].Expert Systems with Applications,91:386−401.

LI G, ZHANG X , LIU M, 2019. E−tailer's procurement strategies for drop−shipping: Simultaneous vs. sequential approach to two manufacturers[J]. Transportation Research Part E Logistics and

Transportation Review, 130:108−127.

LI H F, FANG Y L, WANG Y W, et al., 2012. Platform−Based Online Services, Competitive Actions, And E−Marketplace Seller Performance,July 15,2012[C].[S.l.]:PACIS.

LI R, JIANG Y, YANG W, et al., 2021. From Semantic Retrieval to Pairwise Ranking: Applying Deep Learning in E−commerce Search: 10.48550/arXiv.2103.12982[P].

LI Z, LU Q, TALEBIAN M, 2015 . Online versus bricks−and−mortar retailing: a comparison of price, assortment and delivery time[J]. International Journal of Production Research, 53(13/14):3823−3835.

LIANG B, TU Y, CLINE T, 2016, et al., China's E−Tailing Blossom:a Case Study[J]. Source Title:E−Retailing Challenges and Opportunities in the Global Marketplace:72−98.

LIEBER E, SYVERSON C, 2012.Online versus Offline Competition[M]. New York: Oxford University Press, 1−29.

LIU H, LU J, YANG H, et al., 2020.Category−Specific CNN for Visual−aware CTR Prediction at JD.com[EB/OL].(2020−06−01)[2022−08−01].https://www.researchgate.net/publication/342302068_Category−Specific_CNN_for_Visual−aware_CTR_Prediction_at_JDcom.

LUNCE S E, LUNCE L M, KAWAI Y, et al., 2006. Success and failure of pure - play organizations: Webvan versus Peapod, a comparative analysis[J]. Industrial Management & Data Systems, 106(9):1344−1358.

MCKINNON A, CULLINANE S, BROWNE M, et al., 2012. Green logistics :improving the environmental sustainability of logistics[J]. Journal of Transport Geography(1): 91−92.

MELACINI M, PEROTTI S, RASINI M,et al., 2018.E−fulfilment and distribution in omni−channel retailing:a systematic literature review[J].International Journal of Physical Distribution & Logistics Management,48(4): 391−414.

MICHALAK W, JONES K, 2003. Canadian e - commerce[J].International Journal of Retail & Distribution Management,31(1): 5−15.

NIKOLAEVA R,KALWANI M U,ROBINSON W T,et al.,2009.Survival Determinants for Online Retailers[J].Review of Marketing Science,7(1): 1−21.

PAUWELS K , NESLIN S A, 2015 . Building with Bricks and Mortar: the Revenue Impact of Opening Physical Stores in a Multichannel Environment[J]. Journal of Retailing, 91(2):182−197.

PICOT−COUPEY K, HURÉ E, PIVETEAU L, 2016.Channel design to enrich customers' shopping experiences:Synchronizing clicks with bricks in an omni−channel perspective the Direct Optic case[J]. International Journal of Retail & Distribution Management,44(3): 336−368.

PYKE D F, JOHNSON M E, DESMOND P, 2001. E−fulfillment:Its Harder than It Looks[J].Supply Chain Management Review: 26−32.

QIN X L, LIU Z X, TIAN L, 2020.The strategic analysis of logistics service sharing in an e−commerce platform[J].Omega,92: 1−14.

RAO B, 1999. The Internet and the revolution in distribution:a cross−industry examination[J]. Technology in Society,21: 287−306.

RENKO S ,FICKO D, 2010. New logistics technologies in improving customer value in retailing service[J]. Journal of Retailing and Consumer Services, 17(3):216−223.

SARKAR M B, BUTLER B S, STEINFIELD C, 1995. Intermediaries and Cybermediaries: a Continuing Role for Mediating Players in the Electronic Marketplace[J]. Journal of Computer Mediated Communication, 1(3).

SCHLAUCH A J,LAPOSA S E,2001.Tailing and Internet−related real estate cost savings:a comparative analysis of E−tailers and retailers[J].Journal of Real Estate Research,21:43−54.

SCOTT M, GOLDEN W, HUGHES M, 2003. E−tailing in Ireland:a review of Ireland's top 25 retailers[J]. Irish Marketing Review,16(1): 15−24.

SHI Y, YANG Z. YAN H,et al., 2017. Delivery efficiency and supplier performance evaluation in China's E−retailing industry[J].J Syst Sci Complex(30):392−410.

SHI Y, ZHOU L, QU T, et al., 2019. Strategic introduction of the marketplace channel considering logistics costs and product information[J]. Procedia CIRP, 83:728−732.

SHOU Y, ZHAO X, CHEN L, 2020.Operations strategy of cloud−based firms:achieving firm growth in the Big Data era[J].International Journal of Operations & Production Management,40(6): 873−896.

SPILLER P , LOHSE G L, 1997 . A Classification of Internet Retail Stores[J]. International Journal of Electronic Commerce, 2(2):29−56.

TAN B , SHAN L P , LU X , et al., 2009. Leveraging Digital Business Ecosystems for Enterprise Agility: The Tri−Logic Development Strategy of Alibaba.com[C]// Proceedings of the International Conference on Information Systems, ICIS 2009, Phoenix, Arizona, USA, December 15−18, 2009. DBLP.

TAN F T C, TAN B, PAN S L,2016.Developing a Leading Digital Multi−sided Platform:Examining IT Affordances and Competitive Actions in Alibaba.com[J]. Communications of the Association for Information Systems,38: 738−760.

TIAN L , VAKHARIA A J , TAN Y , et al., 2018. Marketplace, Reseller, or Hybrid: Strategic Analysis of an Emerging E−commerce Model[J]. Production and Operations Management, 27(8):1595−1610.

TITIYAL R, BHATTACHARYA S, THAKKAR J, 2019.The distribution strategy selection for an e−tailer using a hybrid DANP VIKOR MCDM model[J]. Benchmarking an International Journal,26 (2):395−433.

VERHOEF P C, KANNAN, P K, JEFFREY I J ,2015.From Multi−Channel Retailing to Omni−Channel Retailing:Introduction to the Special Issue on Multi−Channel Retailing[J].Journal of

Retailing; Greenwich,91(2): 74−181.

WANG J, HUANG P, ZHAO H, et al.,2022. Billion−scale commodity embedding for e−commerce recommendation in Alibaba[EB/OL].(2018−03−06)[2022−08−01]. https://doi.org/10.48550/arXiv. 1803.02349.

WANG S , CAVUSOGLU H, DENG Z, 2016. Early mover advantage in e−commerce platforms with low entry barriers: The role of customer relationship management capabilities[J]. Information & Management, 53(2):197−206.

WILLIS J L, 2004.What impact will E−commerce have on the U.S.economy?[J]. Economic Review, 89: 53−71.

WRIGLEY N, LOWE M, Andrew C, 2002. Retailing and e−tailing[J].Urban Geography,23 (2): 180−197.

WU R H, LIN M, 2013. Platform Regulation on Seller Heterogeneity[J]. Research Collection School Of Information Systems,7: 1−29.

WU X Y, GEREFFI G G,2018. Amazon and Alibaba:Internet Governance, Business Models, and Internationalization Strategies[M].International Business in the Information and Digital Age.[S.l.: s.n.]: 327−356.

XIAO Z P, WANG J, LENZER J, et al., 2007.Understanding the diversity of final delivery solutions for online retailing:a case of Shenzhen, China[J]. Transportation Research Procedia,25 :985−998.

XING Y, GRANT D B, MCKINNON A C, et al., 2010. Physical distribution service quality in online retailing[J].International Journal of Physical Distribution & Logistics Management, 40(5): 415−432.

XUAN W,2022 .Factors affecting the achievement of success in e−tailing in China's retail industry:a case study of the Shanghai Brilliance Group[EB/OL].(2007−06−30)[2022−08−21]. https://www.researchgate.net/profile/Faris−Alshubiri/post/Factors−driving−customer−loyalty−of−E−tailing−in−mobile−industry/attachment/59d6447dc49f478072ead454/AS%3A317058250674178%401452603985302/download/6001.pdf.

YAO D Q, YUE X, MUKHOPADHYAY S K , et al., 2009. Strategic inventory deployment for retail and e−tail stores[J]. Omega,37(3):646−658.

YE Y, LAU K,TEO L, 2018.Drivers and barriers of omni−channel retailing in China:a case study of the fashion and apparel industry[J]. International Journal of Retail and Distribution Management,46(7): 657−689.

YEN B ,WONG G, 2019.Case study:Cainiao and JD.com Yen & Wong leading sustainability packaging in China[C]//Proceedings of the 19th International Conference on Electronic Business (ICEB 2019).Artificial Intelligence Empowered Business Processes, December 8−12. Newcastle Upon Tyne, UK: [s.n.]: 90−98.

YIN R K, 1981.The case study crisis:Some answers[J].Administrative Science Quarterly(26): 58‐65.

YIN R K,1994.Case Study Research[M].[S.l.]: SAGE Publications Inc.

YOUNG K, CHEN J Q, RAGHUNATHAN S, 2017.Platform or Wholesale? A Strategic Tool for Online Retailers to Benefit from Third-Party Information[J]. MIS Quarterly ,41(3): 763−785.

YU W, SUN Z, LIU H, et al., 2018. Multi-level Deep Learning based e-Commerce Product Categorization.[C]// International ACM SIGIR Conference on Research and Development in Information Retrieval.

ZENG M, 2018.Alibaba and the future of business[J].Harvard Business Review,96(5): 88−96.

ZHANG J, ONAL S, DAS R, et al., 2019.Fulfilment time performance of online retailers‐an empirical analysis[J]. International Journal of Retail & Distribution Management,47(5): 493−510.

ZHENG K N, ZHANG Z P,SONG B,2020.E-commerce Logistics Delivery Mode in Big-data Context:a Case Analysis of JD.COM[J].Industrial Marketing Management,86: 154−162.